창의력으로 세상을 뒤엎다

애플

과학동아북스

애플 창의력으로 세상을 뒤엎다

초판 1쇄 인쇄 2012년 4월 9일
초판 1쇄 발행 2012년 4월 16일

지은이　　　마샤 아미든 러스티드
옮긴이　　　최윤희
펴낸이　　　김두희

총괄이사　　허두영
편집　　　　박희정 이명준 송지혜
외주디자인　블룸
마케팅본부장　이경민
출판마케팅팀장　김재필
출판마케팅팀　이상민 이성우
제작　　　　박주현

펴낸곳　　　(주)동아사이언스
등록일　　　2001년 3월 15일(제312-2001-000112호)
주소　　　　(120-715) 서울시 서대문구 충정로 29 동아일보사 16층
전화　　　　(마케팅) 02-3148-0861～2 (편집) 02-3148-0833～4
팩스　　　　02-3148-0809
이메일　　　books@dongaScience.com
홈페이지　　www.dongaScience.com

ISBN 978-89-6286-086-3 (14300)

※ 책 가격은 뒤표지에 있습니다.
※ 잘못된 책은 바꿔 드립니다.

과학동아북스는 과학문화창조기업 (주)동아사이언스의 출판 브랜드입니다.
다양한 콘텐츠를 바탕으로 유익한 과학책을 만들고자 노력하고 있습니다.

창의력으로 세상을 뒤엎다

애플

마샤 아미든 러스티드 지음

최윤희 옮김

과학동아북스

 차례 --

A P P L E

01

사람들이 원하기도 전에
필요한 것들을

2010년 1월 27일 미국 캘리포니아 주 샌프란시스코 예르바 부에나 예술 회관에서 열린 기자 회견에서 애플의 최고 경영자CEO 스티브 잡스가 애플이 탄생시킨 새로운 제품을 가지고 등장했다. 잡스가 기자들 앞에 공개한 제품은 아이패드라고 불렸으며 두께는 고작 1.34cm밖에 되지 않았고 길이 30cm에 무게는 800g도 채 되지 않는, 작고 휴대하기 편한 전자 기기였다. 처음 소개하는 자리에

스티브 잡스가 애플의
첫 번째 아이패드를 사람
들에게 소개하고 있다.

서 잡스는 자신이 들고 나온 태블릿 컴퓨터를 가리켜 "정말 마법처럼 획기적인 제품이다. 이 제품으로 매우 놀라운 일들을 할 수 있다. 사람들은 이제껏 경험한 적 없는 방식으로 인터넷을 탐험할 수 있다. 믿을 수 없을 만큼 훌륭하며…… 노트북을 뛰어넘고 스마트폰을 능가하는 제품이다"라고 표현했다.

평소와 다름없이 깡마른 몸에 청바지와 스니커즈, 검은색 터틀넥 스웨터를 걸친 잡스는 노트북 컴퓨터나 스마트폰보다 더 효율적으로 작업을 수행할 수 있는 전자 기기에 대한 수요가 대중 사이에 분명히 존재한다고 말했다. 잡스는 아이패드가 이전에 출시됐던 그 어떤 전자 기기보다 더 편리하게 웹 사이트를 검색하고, 이메일을 관리하고, 음악을 감상하고, 전자책을 읽게 해 주는 또 다른 전자 기기의 범주에 들어가는 최초의 제품이라고 설명했다. 잡스는 그동안 이미 7500만 명이 넘는 소비자가 아이팟터치로 음악을 감상하고 아이폰으로 다른 사람과 대화를 나누는 경험을 한 덕분에 아이패드를 어떻게 다뤄야 하

대성공

아이패드는 등장하자마자 어마어마한 성공을 거두었다. 아이패드가 출시되자 소비자들은 아이패드를 사려고 애플 스토어 앞에 줄을 길게 늘어섰다. 처음 출시됐던 2010년 4월부터 2011년 6월까지 애플은 아이패드 2500만 대를 팔았고, 2011년 6월부터 10월 사이에 1100만 대를 더 팔았다.

는지 잘 알고 있다고 지적했다. 수백만 명에 달하는 사람들이 벌써 간단한 화면 조작만으로 아이패드에서 사용할 전자책과 음악, 앱*을 구매할 수 있는 아이튠즈 스토어에 신용카드 계정을 만들었다. 잡스는 아이패드에 대한 소개를 이렇게 마무리 지었다. "우리가 만든 가장 신기하고 획기적인 최첨단 기기를 믿을 수 없는 가격에 소개합니다."

소비자는 컴퓨터 대용으로 아이패드를 사용하고, 아이패드를 통해 책이나 잡지를 읽고, 아이튠즈 스토어에서 앱을 다운로드 해 실행하고, 다른 곳에 저장된 사진을 가져와 보거나 편집하고, 영화와 텔레비전 프로그램을 시청할 수 있었다. 이 모든 작업들이 터치스크린 조작만으로도 가능했다. 잡스와 애플에서 일하는 혁신가들은 다시 한 번 자신이 무엇을 원하는지 소비자가 미처 깨닫기도 전에 소비자에게 필요한 것을 먼저 제시하는 성과를 이루어 냈다. 그리고 새로운 기술을 다른 사람보다 먼저 누리고자 하는 사람들은 한 번 더 아이패드를 처음으로 소유하는 사람이 될 욕심에 애플 스토어 앞에 줄을 섰다.

아이패드는 애플에 의해 탄생되어 미국과 전 세계 사람들의 일상 속으로 파고든 일련의 제품들 가운데 가장 최근에 성공을 거둔 성과물

앱 애플리케이션 혹은 응용프로그램의 줄임말로 PC나 스마트폰 등에서 구동되는 모든 프로그램을 일컫는 말

일 뿐이다. 맥 컴퓨터에서 아이팟, 아이폰, 애플 TV를 거쳐 아이패드에 이르기까지 애플은 끊임없이 신제품을 개발하거나 기존 제품의 성능을 개선했다. 그 결과 많은 사람들이 애플 기기가 없는 생활은 꿈도 꾸지 못하게 되었다. 순간적인 만족감과 일시적인 대화가 점점 더 세상을 지배하는 요즘, 애플은 사람들이 무엇을 원하며 사람들에게 그것을 어떻게 보여 줘야 하는지를 항상 정확히 파악하고 있는 것처럼 보였

최초의 컴퓨터

요즘 소비자들에게 작고 아담한 크기의 가정용 컴퓨터를 사용하지 못하는 생활이란 상상하기 매우 어려운 일이다. 하지만 1976년 애플이 처음 설립되었을 때만 해도 컴퓨터는 기본적인 연산 능력을 갖추기 위해 종종 방 전체를 차지해야 할 정도로 덩치가 크고 거대했다. 1951년에 개발된 최초의 상업용 컴퓨터 모델인 유니박UNIVAC처럼 초창기 컴퓨터들은 진공관을 기반으로 제작되었으며 컴퓨터에 프로그램 명령을 입력하는 방법으로 천공카드가 사용되었다. 이후 진공관의 크기를 줄여 줄 트랜지스터를 사용한 컴퓨터가 등장했는데 그래도 여전히 덩치가 컸다. 당시 컴퓨터 대부분이 서로 다른 회사에서 제작한 부품을 모아 조립하는 형태였고 일반적으로 컴퓨터를 운영하기 위해 여러 사람이 동원되었다. 원하는 곳 어디에나 들고 다니기는커녕 집에 설치할 수 있는 개인용 컴퓨터에 대한 생각은 날아다니는 자동차나 공간이동 만큼이나 비현실적으로 들렸다.

그러다가 1971년 소형 개인용 컴퓨터 시대를 가능하게 만든 마이크로프로세서 칩이 처음 개발되었다. 그리고 1974년 최초의 실질적 가정용 컴퓨터인 앨테어Altair가 등장했다. 하지만 컴퓨터에 취미를 갖고 있는 사람이나 단체가 아닌 일반인들이 살 수 있을 정도로 가정용 컴퓨터에 대한 문턱이 낮춰지기까지는 수십 년이 더 흘러야 했다.

다. 잡스의 말처럼 "사람들은 직접 보여 주기 전까지 자신이 무엇을 원하는지 잘 알지 못한다." 잡스에게는 사람들이 무엇을 원하는지 정확하게 짚어 내는 능력이 있는 듯했다. 오늘날 가장 작은 아이팟나노에서 가장 복잡한 컴퓨터까지 수십억 개에 달하는 애플 제품이 전 세계에서 사용된다.

눈에 띄지 않게 시작해 어려움을 딛고 성장하다

애플은 다른 많은 회사처럼 소규모로 시작해서 반짝 성공했다가 어느 순간 사라져 버린 기업이 아니다. 애플은 컴퓨터를 매일같이 접하는 사람들을 좀처럼 찾아보기 힘들었던 1976년에 설립되었다. 애플은 스티브 잡스와 스티브 워즈니악이라는, 컴퓨터에 대한 열정을 공유하고 자신만의 컴퓨터를 직접 만들어 보고자 했던 두 젊은이가 꾸던 꿈이었다. 결국 두 사람은 돈 많은 사람 혹은 대학이나 정부 같은 대규모 단체에서나 구입할 수 있었던 거대하고 값비싼 제품이 아닌 보통 사람이라면 누

> 우리가 만든 첫 번째 컴퓨터는 욕심이나 자존심의 산물이 아닌 보통 사람들을 가장 강력한 조직보다 더 높은 곳으로 올려놓으려는 혁신적인 정신의 산물이다.
>
> 스티브 워즈니악

구나 살 수 있는 컴퓨터를 만들어 냈다. 하지만 개인용 컴퓨터 시대의 시작은 순조롭게 이어지지 못했다. 오늘날과 같은 성공을 이끌어내기까지 애플은 새로운 아이디어를 현실화하기 위해 오랜 시간을 보냈고 가끔은 좌절을 겪기도 했다.

애플의 얼굴

스티브 잡스는 애플을 대표하는 얼굴이었다. 잡스는 언제나 연단 위에 나타나 애플이 만든 신제품을 전 세계에 소개했다. 1985년 무렵 워즈니악은 대주주 자리에 머무르기는 했어도 더 이상 애플에 정규직 직원으로 근무하지는 않았다. 제품 개발과 마케팅 부문 양쪽 모두에서 회사를 성공시키기 위해 잡스가 짊어져야 했던 책임은 엄청나게 컸다. 잡스와 지금의 잡스를 탄생시키는 데 한몫했던 회사가 달려온 길이 항상 평탄했던 것은 아니었다. 우선 잡스는 함께 일하기 편한 사람이 아니었고, 실제로 업계에서 살아남기 위해 온갖 노력을 다했던 애플의 초창기 시절 어쩔 수 없이 회사를 떠난 적도 있었다. 하지만 꺾이지 않는 고집과 아이디어를 창출하고 이를 성공적으로 상품화시켜 시장에 내놓는 능력에 힘입어 잡스는 결국 애플로 돌아왔고, 회사를 전 세계에서 가장 거대한 첨단 기술 기업으로 탈바꿈시켜 놓았다.

2011년 3월에 있었던 아이패드2 출시 발표는 세상을 떠나기 전까지 거의 모습을 드러내지 않았던 잡스가 자신의 모습을 공개한 몇 안 되는 행사 중 하나였다. 회의장에 모여 있던 사람들은 치료를 받기 위해 회사를 떠난다고 밝힌 잡스가 연단 위에 등장하자 깜짝 놀랐다. 예전과 다름없이 신제품을 소개할 때마다 사람들에게 삶을 놀랍게 변화시키리라는 기대감을 심어 주는 잡스의 능력으로 인해 아이패드2 발표 행사는 그 어떤 마케팅 전략보다 훨씬 더 뛰어난 효과를 거두었다.

그로부터 7개월 후, 애플을 든든하게 받치고 있던 인물이 사망했다. 전 세계 사람들이 잡스와 잡스가 애플에서 이루어 낸 모든 성과에 대해 경의를 표했다. 전 세계 사람들은 그토록 위대한 회사가 35년 전 캘리포니아 주 쿠퍼티노*에 있는 한 평범한 차고에서 어떻게 시작되었는지를 돌이켜 보았다.

쿠퍼티노 현재 애플의 본사가 있는 곳

애플 팬이 자신의 아이폰에 저장된 잡스의 사진을 보여 주며 그를 추모하고 있다.

02

스티브 잡스

비록 애플이 스티브 잡스와 스티브 워즈니악, 두 사람에 의해 함께 시작되기는 했지만 회사 역사를 전체적으로 살펴보았을 때 더 중요한 역할을 수행하고, 목표를 달성하기 위해 자신과 자신의 신념을 모두 쏟아부은 사람은 잡스였다. 하지만 어린 시절 잡스는 학업 성적이 뛰어나거나 훌륭한 학생이 아니었다. 잡스는 이것저것 만지작거리는 데 소질을 보였고 보통 아이들과는 다른 방식으로 생

스티브 잡스는 고등학교 생활에 잘 적응하지 못했다.

각하며 자신이 무엇을 원하는지 서슴지 않고 이야기하는 외향적이고 평범한 소년이었다.

어린 시절

스티브 잡스스티븐 폴 잡스는 1955년 2월 24일 미국 캘리포니아 주 샌프란시스코에서 태어났다. 대학원에 다니다가 결혼을 하지 않은 몸으로 잡스를 낳았던 그의 어머니는 잡스를 다른 집으로 입양시켰다. 잡스는 어른이 되어 유명해진 다음에야 자신을 낳아준 친부모가 조앤 시블과 그녀의 대학원 동기이자 시리아에서 미국으로 건너온 압둘파타 존 잔달리라는 사실을 알았다. 아기를 낳고 1주일 만에, 당시에는 이름 밝히기를 꺼려 했던 그의 어머니가 샌프란시스코에 살고 있던 폴과 클라라 잡

모나 심슨

잡스는 나중에 자신의 친부모가 자신을 입양시킨 뒤 결혼해서 여동생을 낳았다는 사실을 알았다. 여동생의 이름은 므나 심슨이다.
캘리포니아 주 로스앤젤레스에서 같이 자랐는데도 여동생과 잡스는 서로의 존재를 알지 못했으며 성인이 되고 난 뒤에야 비로소 가깝게 지내게 되었다. 잡스는 이렇게 말했다. "우리는 가족입니다. 제 여동생은 세상에서 가장 좋은 친구지요."

스 부부에게 아이를 입양시키기로 합의했다. 잡스 부부는 스티브 잡스를 입양하기 전 10년 동안 아기를 갖고자 노력했지만 아이가 생기지 않아 포기한 참이었다.

폴 잡스는 손재주가 뛰어났고 자동차를 수리하는 데 소질이 있어서 고장 난 자동차를 사들여 고친 다음 이익을 남기고 되팔았다. 폴 잡스는 대학 문턱에도 가 보지 못했으나 1939년에서 1945년까지 벌어진 제2차 세계 대전 동안 해안경비대에서 복무했으며 제대 후 금융회사에서 자동차를 재처리하는 일을 했다. 잠시 동안 부동산 중개업을 하기도 했지만 결국 폴 잡스가 선택한 직업은 자동차 수리공이었다. 잡스의 어머니 클라라는 스티브 잡스와 여동생 패티를 키우는 동안 임시 경리원으로 일하며 돈을 벌었다.

어린 시절 잡스는 끊임없이 호기심을 보여 어른들이 좀처럼 감시의 눈을 떼지 못하게 만드는 아이였다. 한번은 무슨 일이 생기는지 알고 싶어서 전기 콘센트에 머리핀을 쑤셔 넣다가 손에 화상을 입은 적이 있었다. 단지 무슨 맛이 나는지 궁금하다는 이유만으로 살충제 한 병을 다 마시는 바람에 그를 병원으로 급히 데려가야 했던 적도 있었다. 하지만 여러 가지로 봤을 때 잡스는 자전거 타기와 텔레비전 보기를 좋아하는, 주변에서 흔히 볼 수 있는 평범한 아이 중 한 명이었다.

그러나 학교에 다니기 시작하면서 잡스는 다른 아이들과 어울

리지 못했고 이런 행동은 고등학교에 다닐 때까지 계속되었다. 훗날 같이 학교를 다녔던 친구가 이렇게 말한 적이 있다. "잡스는 혼자 있기를 좋아했고 걸핏하면 울어 댔습니다. 잡스는 어느 누구와도 잘 어울리지 못했고 보통 아이와는 좀 달랐습니다." 잡스는 다른 아이들과 어울려 나가 노는 대신 집 근처를 어슬렁대며 주변 어른들이 여는 세미나에 참석하고 그들이 진행하는 프로젝트가 무엇이며 어떻게 진행되는지를 배웠다. 열악한 교육 환경과 학교 폭력으로 평판이 좋지 않았던 크리튼던 중학교에 다니던 시절 잡스에게 학교는 더욱 좋지 않은 곳으로 변했다. 잡스는 이미 말썽을 피우는 학생으로 낙인이 찍혔으며 그로 인해 종종 곤경에 빠지거나 여러 차례 정학 처분을 받기도 했다. 잡스는 시간을 낭비한다고 생각되는 일에는 절대 참여하지 않았다. 훗날 잡스는 이렇게 말했다. "나는 학교생활이 너무나 지겨웠습니다. 그러다 보니 결국 골칫덩어리로

실리콘 밸리

실리콘 밸리는 샌프란시스코만 남쪽에 있는 캘리포니아 주의 한 지역에 붙여진 또 다른 이름이다. 잡스와 워즈니악이 자랄 때 실리콘 밸리는 컴퓨터 산업에 꼭 필요한 실리콘 마이크로 칩을 생산하는 회사들이 모여 있는 곳으로 유명해지기 시작했다. 또한 새롭게 성장하는 기술 산업에 돈을 투자하기 위해 투자자들이 몰려드는 곳이기도 했다. 지금도 실리콘 밸리는 최첨단 기술을 연구하고 개발하는 회사들이 모인 곳으로 널리 알려져 있다.

변하게 되었지요."

결국 스티브 잡스는 다음 해 크리튼던 중학교로 되돌아가지 않기로 마음먹었고, 그가 청소년 범죄자가 될까 걱정하던 부모님은 잡스의 생각에 동의했다. 잡스의 가족은 다른 학군에 있는 학교로 편입하기 위해 로스 앨터스로 이사했다. 그곳에서 잡스는 국방 과학 기술 회사인 록히드 사*와 같이 새롭고 진보된 과학 기술 개발 산업에 종사하는 과학자 및 그의 가족들과 이웃으로 지냈다. 로스 앨터스는 머지않아 기술을 기반으로 하는 혁신의 온상이자 실리콘 밸리라고 알려질 지역의 중심지였다.

고등학교 시절 그리고 그 이후

로스 앨터스에 있는 쿠퍼티노 중학교를 거쳐 홈스테드 고등학교에 다니던 시절 잡스는 자신과 마찬가지로 전자공학에 관심을 보이는 다른 아이들과 어울리기 시작했다. 잡스의 친구 중 한 명인 빌 페르난데스는 워즈니악 가족이 사는 집 맞은편에 살고 있었다. 제리 워즈니악은 록히드 사에서 일하는 엔지니어였으며, 전자공학 분야

록히드 사 1995년 마틴 마리에타 사와 합병하면서 록히드마틴 사로 이름이 바뀐 미국 최대의 방위산업체. 전투기, 수송기, 미사일, 통신위성 등을 생산한다.

에 대해 페르난데스를 지도하는 스승이기도 했다. 제리의 아들 스티브 워즈니악은 페르난데스보다 다섯 살이 더 많았다. 스티브 워즈니악은 이따금씩 페르난데스가 진행하는 과학 프로젝트에 도움을 주었다.

1969년 여름 이미 대학교에 다니던 워즈니악은 친구와 함께 컴퓨

스티브 워즈니악

스티븐 게리 워즈니악은 1950년 8월 11일 캘리포니아 주 산호세에서 태어났다. 그의 아버지 제리 워즈니악은 록히드 사에서 미사일 시스템을 설계하는 엔지니어였다. 아버지인 제리가 전자공학에 대한 자신의 관심사를 아들과 공유한 까닭에 아들인 스티브는 어렸을 적부터 전자제품을 갖고 놀며 시간을 보냈다. 고등학교에 진학한 스티브 워즈니악은 전자공학 과정에서 소질을 보였고, 고등학교를 졸업한 뒤 콜로라도 주 볼더에 있는 콜로라도대학교에서 전기공학을 공부했다.

1969년 스티브 워즈니악은 대학을 중퇴하고 주변 지역에 있는 여러 회사들이 결함 때문에 폐기한 부품을 모아 자신의 첫 번째 컴퓨터를 만들기 시작했다. 그가 처음으로 만든 '크림소다 컴퓨터'는 전원 장치가 타 버리기 전까지 아주 짧은 시간 동안만 작동했지만, 워즈니악에게 컴퓨터에 대한 강렬한 인상을 남겼다. 그때가 워즈니악이 처음으로 잡스를 만났던 시기이기도 했다.

마침내 두 사람이 손을 잡고 전화 회사에서 사용하는 신호를 복제해 공짜로 전화를 거는 장치를 제작했다. 그들은 수상한 구석이 보이는 사업가와 경찰을 만난 이후 공짜 전화기를 제작해 판매하는 일을 그만두었다. 잡스와 워즈니악은 몇 년 동안 계속해서 교류했다. 함께 진행한 프로젝트로 인해 서로 사이가 나빠진 적도 있었지만 두 사람은 결국 힘을 합쳐 애플 컴퓨터를 설립했다.

터를 직접 만들기로 마음먹고 설계 작업에 들어갔다. 친구가 학교로 돌아가면서 프로젝트에서 손을 떼자 워즈니악은 페르난데스에게 도와 달라고 부탁했다. 두 사람은 당시 두 사람이 가장 좋아했던 음료의 이름을 따 '크림소다 컴퓨터'라고 부른 컴퓨터를 제작했다. 훗날 워즈니악은 자신이 처음으로 만든 컴퓨터에 대해 이렇게 말했다. "나는 뭔가 멋진 일을 하는 기계를 설계하고 싶었습니다. 텔레비전에 달린 동그란 손잡이를 돌리면 텔레비전이 뭔가 멋진 일을 하듯이 말이지요. 내가 만든 컴퓨터에 달린 버튼과 스위치를 몇 개 조작하면 불이 켜졌습니다." 두 사람이 만든 기계가 대단히 복잡한 물건은 아니었지만 가정용 컴퓨터를 만들기 위한 최초의 조립 용품 세트가 나오기 전까지 워즈니악과 페르난데스는 그 기계를 만들기 위해 5년이라는 시간을 쏟아부어야 했다. 마침내 페르난데스가 잡스에게 자신이 만든 기계를 구경하러 오라고 초대했다. 그 자리에서 잡스와 워즈니악이 처음으로 만났다. 하지만 나이와 경험에서 오는 차이 때문에 두 사람은 만나자마자 친해지지는 못했다.

고등학교를 다니는 동안 잡스는 전자공학에 점점 더 많은 관심을 쏟았고, 이내 그 관심이 컴퓨터로 옮겨 가기 시작했다. 잡스는 컴퓨터 제조업체인 휴렛팩커드HP 사의 공장에서 여름 방학 동안 임시로 일자리를 얻기도 했다. 잡스는 휴렛팩커드 사의 창립자 중 한 명인 빌 휴렛에게 전화를 걸어 프로젝트에 사용할 부품을 달라

고 부탁했고 휴렛은 잡스에게 여름 방학 동안 일해 보지 않겠냐고 제안했다.

1972년 잡스가 고등학교를 졸업했다. 그는 오리건 주 포틀랜드에 있는 리드대학교에 진학하기로 마음먹었다. 리드대학교는 터무니없이 비싼 대학 등록금을 받으며 우수하고 독특한 학생들을 끌어들이기로 유명한 학교였다. 하지만 리드대학교에서 보낸 잡스의 첫 번째 학기는 실패로 돌아갔다. 형편없는 성적표를 받아 든 잡스는 대학교를 중퇴하고 등록금을 환불 받았다. 잡스는 학교생활에 흥미를 느끼지 못했거니와 자신을 대학에 보내기 위해 부모님이 그토록 많은 돈을 쏟아부어야 한다는 사실에 마음이 편치 않았다.

잡스는 집으로 되돌아가는 대신 빈 기숙사에 머무르면서 학교 주위를 어슬렁거렸다. 그는 시험을 보거나 학점을 딸 수는 없었지만 정말로 자신의 관심을 끄는 수업에 참가할 수 있도록 대학 당국의 허가를 얻어 냈다. 리드대학교에서 들은 캘리그라피* 수업은 훗날 잡스에게 그동안 어느 누구도 생각하지 못했던, 컴퓨터에서 다양한 서체를 사용할 수 있게 만들자는 아이디어를 제공하는 계기가 되었다.

잡스는 자신만의 속도에 맞춰 혼자 공부하는 능력을 터득했다.

캘리그라피 기계가 아닌 손으로 아름답고 개성 있게 쓴 글자체 및 글자를 쓰는 방법

하지만 그때까지도 자신이 정말로 무엇을 하고 싶은지는 확실하게 알지 못했다. 잡스는 책을 아주 많이 읽었고 자신이 어떤 길을 가야 하는지 결정하기 위해 명상을 했다. 1974년 잡스는 집으로 돌아가 부모님과 함께 살기로 마음먹었다. 그는 인도로 여행하기 위한 자금을 마련하려고 일자리를 구했다. 잡스는 인도 여행을 통해 앞으로의 인생을 위해 꼭 필요한 해답을 찾고자 했다.

여름 방학 동안 휴렛팩커드 사에서 일한 덕분에 잡스는
훗날 그를 도와줄 인간관계와 경험을 쌓을 수 있었다.

03

애플의 탄생

캘리포니아로 돌아온 잡스는 계속해서 일자리를 구했다. 1974년 잡스는 비디오 게임 회사인 아타리 사에서 일자리를 얻었다. 1972년에 설립된 아타리 사는 비디오 게임을 개발했던 최초의 회사 중 하나였다. 잡스는 아타리 사에서 엔지니어로 근무했다. 잡스는 오만한 성격으로 인해 다른 직원들과 잘 어울리지 못했고, 그런 일이 점점

잡스와 워즈니악 두 사람은 비디오 게임 회사인 아타리 사의 초기 제품 개발 과정에 참여했다.

심해지자 결국 밤에만 일을 하게 되었다.

반면 스티브 워즈니악은 1972년 휴렛팩커드 사의 첨단 제품 사업부에 입사하여 당시로서는 새로운 기술이었던 손바닥만 한 크기의 전자계산기를 만들고 있었다. 워즈니악은 여전히 잡스와 친구로 지내고 있었다. 직원들이 퇴근하고 난 뒤 잡스가 사람들의 눈

특별 수당

잡스는 워즈니악에게 '브레이크아웃'이라고 이름 붙인 아타리 사 게임의 설계를 도와 달라고 부탁하면서, 회사에서 지급하기로 한 특별 수당을 반씩 나눠 갖자고 말했다. 그때까지 워즈니악은 회사에서 나오는 특별 수당이 700달러인 줄 알고 있었다. 게임을 다 설계하고 난 뒤 워즈니악은 잡스에게서 자신의 몫인 350달러를 받았다. 그러나 그로부터 몇 년 후인 1984년 워즈니악은 다른 누군가에게서 잡스가 게임 설계를 하고 회사로부터 받은 특별 수당이 실제로는 5000달러였다는 말을 들었다. 워즈니악은 금액에 대해서는 화를 내지 않았고, 당시 자신은 새로운 게임을 탄생시킬 수 있었던 기회 자체를 즐겼기 때문에 아무 대가를 받지 못했어도 게임을 개발해 줬을 것이라고 대답했다. 친구가 자신을 속인 데 대해서는 화를 냈지만, 워즈니악은 그와 같은 행동이 잡스의 사업 철학 중 일부라는 사실을 잘 알고 있었다.

잡스는 어떤 사람이 부품을 30센트에 사서 다른 사람에게 6달러를 받고 팔았다 하더라도 파는 사람은 사는 사람에게 자신이 얼마를 주고 부품을 샀는지 말할 필요가 없다고 말해 왔다. 왜냐하면 사는 사람에게는 그 부품이 6달러의 가치가 있는 물건이기 때문이다. 하지만 워즈니악은 잡스가 자신을 속였음을 미리 알았더라면 아마도 자신이 잡스와 함께 손을 잡고 애플 컴퓨터를 설립하는 일은 없었으리라는 말에 찬성했다.

을 피해 워즈니악을 아타리 사의 본사 사무실로 몰래 데려온 덕분에 워즈니악은 아타리 사에서 만든 게임을 공짜로 즐길 수 있었다. 워즈니악은 새로운 비디오 게임 설계처럼 잡스의 지식으로는 해결할 수 없는 기술적 문제에 대한 해답을 제시해 주기도 했다. 훗날 워즈니악은 이렇게 회상했다. "스티브잡스는 그렇게 복잡한 뭔가를 설계하지 못했습니다. 그가 내게 와서 아타리 사가 게임을 만들려고 하는데 그 게임이 어떻게 작동해야 할지 구체적으로 설명해 달라고 했습니다. 그런데 문제가 하나 있었습니다. 나흘 안에 그 일을 해야 했거든요." 워즈니악에게는 휴렛팩커드 사에서 정상적으로 일을 하면서도 새로운 게임을 완성시킬 능력이 있었다.

클럽을 결성하다

애플 컴퓨터를 창립하는 데 결정적 역할을 한 새로운 컴퓨터 클럽이 지역에 있는 몇몇 대학교의 게시판에 손으로 직접 써서 붙인 포스터와 함께 시작되었다.

아마추어 컴퓨터 사용자 및 컴퓨터 자가 제작 클럽

컴퓨터를 직접 제작하려고 하십니까? 단말기나 TV 타이프
라이터*는요? 입출력 장치에 관심이 있으십니까? 또 다른
종류의 검은색 디지털 마법 상자는 어떠신가요? 아니면 시
분할 서비스**로 시간을 절약할 생각이신가요?

컴퓨터 자가 제작 클럽, 일명 홈브루 컴퓨터 클럽이라고 불린 클럽의 첫 모임이 1975년 3월 5일 캘리포니아 주 멘로 파크에 있는 한 차고에서 열렸다. 모임의 목적은 워즈니악이 떠올린 아이디어를 실현하는 것이었다. 워즈니악은 컴퓨터에 취미를 갖고 열심히 활동하는 컴퓨터광이나 자신이 직접 컴퓨터를 제작하려는 사람들이 아닌, 일반인들이 사용할 수 있는 사용자 친화적인 데스크톱 컴퓨터를 탄생시키고자 했다.

이미 뉴 멕시코 주에 설립된 기존의 MITS 사가 방 전체를 꽉 채울 만큼 거대하고 시끄러운 기존의 컴퓨터와는 전혀 다른, 작고 새로운 컴퓨터 모델을 개발한 상태였다. 유명한 텔레비전 드라마 시

TV 타이프라이터 표준형 텔레비전 화면 위에 가로 32자 세로 16줄을 출력할 수 있는 비디오 단말기
시분할 서비스 자료를 처리할 때 서로 다른 프로그램이 거의 동시에 컴퓨E-의 중앙 처리 장치(CPU)를 사용할 수 있게 하는 기법. 중앙 처리 장치가 주변 장치 보다 처리 속도가 빠르므로 주변 장치의 응답을 기다리는 동안 다른 프로그램을 실행시켜 중앙 처리 장치를 최대한 효과적으로 이용하려고 고안되었다.

마이크로프로세서 칩

마치 동화 속에 등장하는 괴물처럼 방 하나를 차지할 정도로 거대한 크기의 컴퓨터에서 오늘날 흔히 볼 수 있는 손바닥 크기만 한 태블릿 컴퓨터로 진화하기까지 가장 커다란 역할을 한 주인공은 인텔에서 만든 마이크로프로세서 칩이었다. 마이크로프로세서는 데이터를 처리하는 컴퓨터의 두뇌 역할을 한다.

1971년 인텔은 'Intel 4004'라고 이름 붙인 자사의 첫 번째 마이크로프로세서 칩을 발표했다. 몇 년 후 인텔은 '8080' 칩을 공개했다. 이 칩들은 이전에 선보인 칩보다 성능도 훨씬 강력했고 생산비도 저렴했을 뿐만 아니라 크기도 작았다.

크기를 획기적으로 줄인 마이크로프로세서 칩은 개인용 컴퓨터의 시대를 열었고 워즈니악에게 훗날 'Apple I'이라고 불린 컴퓨터를 제작하도록 영감을 불어넣었다.

리즈인 「스타 트랙*」에서 이름을 따 '앨테어'라고 이름 붙인 이 컴퓨터는 실제 데스크톱 크기만 하게 만든 최초의 컴퓨터였지만, 사람들에게는 여전히 버겁고 사용하기 어려워 보였다. 워즈니악의 아이디어는 값비싼 프린터나 모니터 대신 사람들에게 익숙한 표준형 쿼티** 타이프라이터와 집집마다 보급된 일반 텔레비전을 연결해 사용할 수 있는 컴퓨터를 설계하는 것이었다.

Apple I

일요일이었던 1975년 6월 29일, 설계하고 프로그래밍하고 테스트하고 실패하는

스타 트랙 1966년에 처음 방영된 텔레비전 공상 과학 드라마 시리즈이자 각종 영화. 컴퓨터 게임. 소설 등이 제작된 엔터테인먼트 미디어 프랜차이즈.
쿼티 영어 타자기나 컴퓨터 키보드에서 가장 널리 쓰이는 자판 배열 방식. 왼쪽 상단에 배치된 여섯 글자 'QWERTY'를 따서 붙인 이름이다.

Apple I 은 사용자가 화면과 키보드를 연결해야 하는 기본 회로판이었다.

일을 여러 차례 반복하던 워즈니악이 키보드로 자신의 새로운 컴
퓨터에 관한 편지를 여러 통 작성했다.

충격적인 일이야. 이 편지가 화면에 출력된다고! …… 지
금이 바로 사람이 키보드로 글자를 입력하면 입력한 글자
가 앞에 있는 화면에 곧바로 나타나는 모습을 눈으로 확인
하는 역사상 첫 번째 순간이야.

훗날 'Apple I'이라고 불리게 될 컴퓨터가 탄생한 순간이었다.

1976년 3월 1일 무렵 워즈니악은 자신의 새로운 컴퓨터를 설계하는 일을 끝마쳤다. 워즈니악은 이 컴퓨터를 홈브루 컴퓨터 클럽의 다음 모임에서 공개했다. 워즈니악은 그림을 그려 가며 새 컴퓨터에 대한 계획을 다른 사람에게 설명하는 일만으로도 행복감을 느꼈겠지만, 잡스는 컴퓨터를 보자마자 돈을 벌 수 있는 기회를 포착했다. 잡스는 워즈니악에게 컴퓨터의 심장이라 할 수 있는 회로판의 설계도를 만들어 팔 수 있을 것이라고 말했다. 훗날 워즈니악은 이렇게 말했다. "스티브잡스는 회로도라고는 선 하나도 그어 본 적이 없었고, 프로그램이라고는 코드 한 줄도 개발해 본 적이 없었습니다. 하지만 나는 컴퓨터를 판다는 생각은 한 번도 해 본 적이 없었습니다. '저걸 그대로 두지 말고 상품화해서 조금이라도 팔아 보자'라고 말한 사람은 스티브였습니다."

워즈니악은 이미 휴렛팩커드 사에서 자신의 적성에 맞는 일을 하고 있었고, 회로판을 만들어 판매하는 일에 별다른 흥미가 생기지 않았다. 직접 만들어 파는 대신 워즈니악은 휴렛팩커드 사의 경영진에게, 잡스는 아타리 사의 경영진에게 접근해 그들에게 당시 새로 생긴 용어이자 요즘은 데스크톱 컴퓨터라고 말하는 마이크로컴퓨터를 만들 의사가 있는지 물어보았다. 두 사람은 기본적으로 나무 상자 안에 회로판만 들어 있는, 워즈니악이 만든 프로토타입 형태의 컴퓨터를 보여 주었다. 두 회사 중 어느 회사도 마이크로컴퓨터를 만드는 데 관심을 보이지 않았다. 그러자 잡스는 완전한 컴퓨터가 아닌데도 두 사람이 남들보다 먼저 회로판을 제작해야 한다고 워즈니악을 설득했다. 회로판을 제작해 판매하는 데 필요한 자금을 만들기 위해 잡스는 자신이 몰던 폭스바겐 미니버스를 1500달러에 팔았고, 워즈니악은 프로그램이 가능한 HP 계산기를 250달러에 팔았다.

세 번째 설립자

워즈니악과 잡스는 두 사람의 의견이 충돌했을 때 두 사람 사이를 중재하거나 어느 한쪽의 의견을 따르도록 표를 던지는 제3의 인물이 필요하리라는 사실을 알고 있었다. 그래서 두 사람은 세 번째 설립자로 로널드 제럴드 웨인을 끌어들였다.
당시 웨인은 아타리 사에서 근무 중이었고 그곳에서 잡스를 만났다. 하지만 웨인은 신생 회사에서 발생할 여러 가지 문제를 감당하고 싶지 않다는 생각에 애플이 설립된 지 2주 만에 애플 컴퓨터를 그만두었다.

회사를 설립했지만 붙일 만한 적당한 이름이 없었다. 워즈니악은 어느 오후 두 사람이 캘리포니아 주의 한 고속도로를 따라 차를 몰고 가는 도중에 잡스가 어떤 이름을 말했다는 사실이 떠올랐다. 잡스에게는 오리건 주에서 농장을 운영하는 친구들이 있었고, 한 번은 직접 그 농장에서 몇 달 동안 일을 하려고 하기도 했었다. 워즈니악은 이렇게 말했다.

차를 몰고 가는데 스티브가 이렇게 말하더군요. "근사한 이름이 떠올랐어. 애플 컴퓨터 어때?"…… 그때까지 우리는 익스큐텍이나 매트릭스 일렉트로닉스 같이 뭔가 기술적으로 그럴듯하게 들리는 단어들을 조합하려고 고민하고 있었습니다. 하지만 한 십 분쯤 지난 후에 두 사람이 동시에 깨달았습니다. 애플 컴퓨터라는 이름보다 더 나은 이름을 찾지 못하리라는 사실을.

애플 컴퓨터의 공식적인 창립 기념일은 1976년 4월 1일이다. 회사를 설립하고 나자 잡스는 제품을 살 사람을 찾기 시작했다. 잡스와 워즈니악은 컴퓨터에 대한 취미가 있고 실제로 작동하는 컴퓨터를 만들기 위해 두 사람이 만든 회로판을 산 다음 다른 나머지 장치들을 구해 조립할 수 있는 사람들을 잠정 고객으로 선정하고 판매 가격을 50달러로 결정했다. 1차로 회로판을 만들고 판매할 준비를 마치자 잡스는 홈브루 컴퓨터 클럽 모임에서 Apple I 컴퓨터 중 한 대를 공개했다. 공개한 컴퓨터는 바이트 숍이라는 컴퓨터 매장 체인을 운영하던 폴 제이 테렐의 눈길을 사로잡았다. 잡스는 테렐에게 Apple I을 주문하라고 설득했다. 하지만 문제가 하나 있었다. 테렐은 아무 장치도 없이 회로판만 있는 제품을 사고 싶어

하지 않았다. 그는 완전한 형태를 갖춘 컴퓨터 50대를 사고 싶어 했다. 나중에 워즈니악은 이렇게 말했다. "그것은 회사 역사를 통틀어 단일 사건으로는 가장 커다란 에피소드였습니다. 그 이후 몇 년 동안 그렇게 엄청나고 아무도 예측하지 못했던 에피소드는 없었지요. 그건 우리가 하게 되리라 예상하던 일이 아니었습니다."

수집 가치가 높은 컴퓨터

진품 Apple I 컴퓨터는 이제 수집 가치가 대단히 높은 귀중품이 되었다. 1999년에 사용자 설명서와 키보드, 자가 제작한 본체 그리고 컴퓨터를 산 600달러짜리 원본 영수증을 모두 갖춘 Apple I이 경매를 통해 1만 8000달러에 팔렸다. 2002년에는 그때까지 작동하던 또 다른 Apple I이 1만 4000달러에 팔렸다.

애플 컴퓨터에 있는 자금으로는 컴퓨터 50대를 만들 수 없었지만, 그렇다고 해서 잡스의 의지를 꺾지는 못했다. 잡스는 부품을 사들이기 위해 5000달러를 대출 받았다. 두 사람에게는 컴퓨터를 조립할 만한 공간이 없었기 때문에 로스 앨터스에 있는 잡스 부모님 집의 차고를 사용했다. 두 사람은 부품 일부를 보관하고 조립하느라 남는 침실도 써야 했다. 잡스의 여동생 패티가 조립하는 일을 도왔다. 워즈니악은 이렇게 말했다. "그때 우리는 시장 한구석에서 싸구려 예술품이나 수공예품을 늘어놓고 파는 사람처럼 정말 보잘것 없는 사업가였습니다." 두 사람은 오랜 친구였던 빌 페르난데스를 애플 컴퓨터의 첫 번째 정식 직원으로 채용하기도 했다.

그러나 바이트 숍에 처음으로 납품한 제품은 폴 테렐이 주문했던 대로 완전한 형태를 갖춘 컴퓨터가 아닌 회로판만 있는 제품이었다. 바이트 숍은 어쩔 수 없이 직접 전원 장치와 키보드를 연결해야 했을 뿐만 아니라 회로판을 자가 제작한 본체에 넣고 완전한 컴퓨터로 만들어야 했다. 주문 받은 대로 정확하게 제품을 납품하지는 못했지만 잡스와 워즈니악은 이 일로 대략 8000달러를 벌어들였다. 마침내 애플 컴퓨터가 한 발을 내디딘 순간이었다.

2010년에 열린 기자 회견에서 잡스가 자신과 워즈니악의
30년 전 사진을 공개하고 과거를 회상하고 있다.

잡스와 워즈니악은 자신들의 새로운 컴퓨터를 공개하고 나서 처음
으로 받은 주문을 최소한 어느 수준까지는 성실하게 납품했다. 하
지만 Apple I 컴퓨터는 완벽한 성공이 아니었다. 컴퓨터광들은 새
로 산 컴퓨터가 인텔에서 새로 출시한 Intel 8080 마이크로프로세

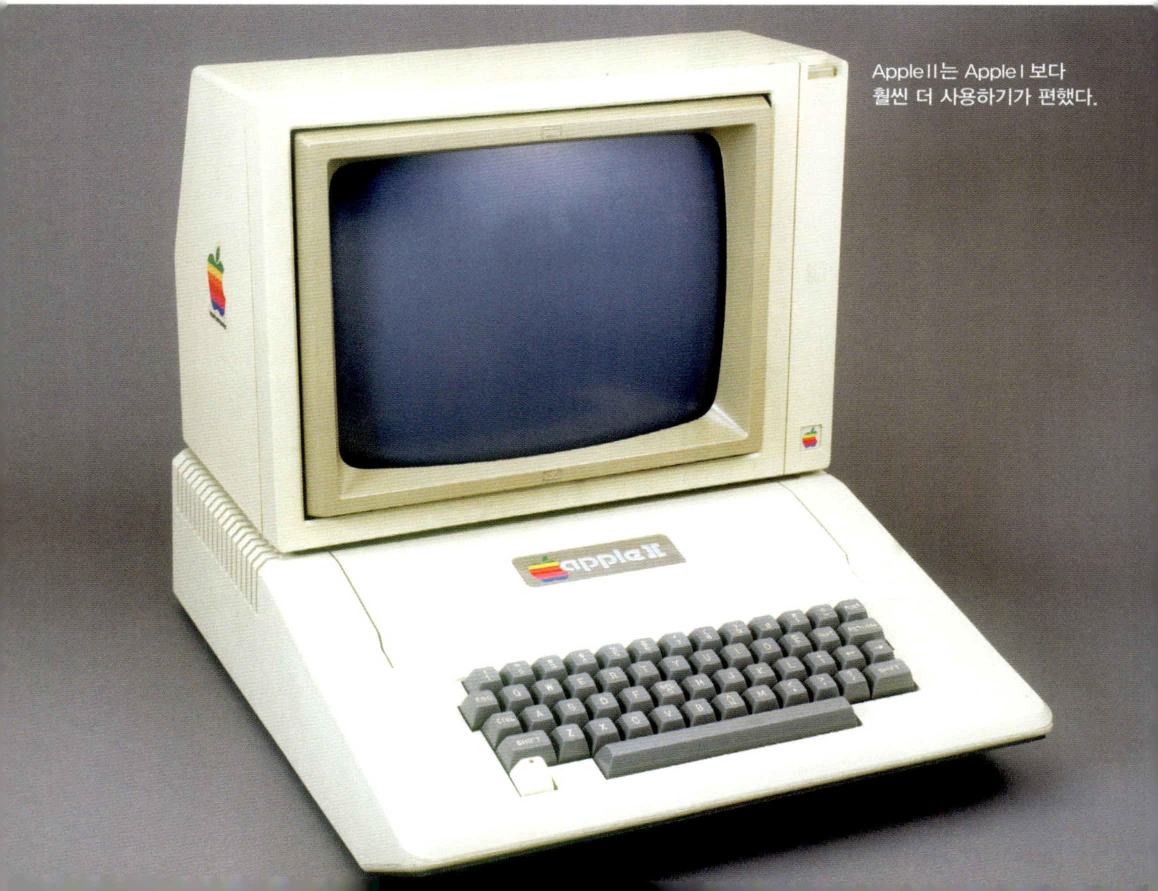

Apple II는 Apple I 보다
훨씬 더 사용하기가 편했다.

서 칩을 장착한 상태에서는 정상적으로 작동하지 않는다는 사실에 실망했다. 게다가 Apple I은 구매한 순간부터 바로 사용할 수 있는 컴퓨터가 아니었다. Apple I을 작동시키기 위해서는 베이직이라는 컴퓨터 언어를 로딩하는 인터페이스가 필요했기 때문이었다. 컴퓨터에 베이직을 로딩하기 전까지 사용자들은 직접 프로그램을 짜고 데이터를 입력하는 힘겨운 과정을 거쳐야 했다. 결국 워즈니악이 Apple I의 확장 슬롯*에 꽂을 수 있는 75달러짜리 카드를 제작해 사용자들이 표준형 카세트테이프에 저장된 프로그램을 컴퓨터에 인식할 수 있게 해 줌으로써 이 문제가 해결됐다.

Apple Ⅱ

워즈니악은 컴퓨터 설계 작업을 계속 진행했고 곧이어 훗날 Apple Ⅱ라고 불리게 될 새로운 컴퓨터의 프로토타입원형을 완성했다. 그러나 새롭게 개선된 컴퓨터를 제작하려면 Apple I보다 훨씬 많은 금액인 한 대당 몇 백 달러나 되는 자금이 필요하다는 것은 누가 봐도 분명했다. 애플 컴퓨터에는 새 컴퓨터를 제작할 자금이 없었

확장 슬롯 오늘날 컴퓨터에서 흔히 볼 수 있는 USB 포트와 거의 같은 역할을 하는 장치

1977년에 잡스와 워즈니악이 웨스트 코스트 컴퓨터 전시회에서 Apple II를 처음 소개하고 있다.

다. 누군가에게서 재정적으로 도움을 받아야 했다.

그때 워즈니악과 잡스는 마케팅 전문가이자 이제 막 사업을 시작한 기업에게 자금을 빌려 주는 벤처 투자가였던 마이크 마쿨라를 만나는 행운을 거머쥐었다. 마쿨라는 개선된 Apple II를 완전히 상품화하고 애플 컴퓨터를 운영하는 데 필요한 자금으로 25만 달러를 빌려 주기로 합의한다. 마쿨라는 돈을 빌려 주는 대가로 회사 지분의 3분의 1을 얻기로 했다. 하지만 마쿨라가 제시한 조건

중에는 워즈니악이 휴렛팩커드 사를 그만두어야 한다는 조항이 있었다. 워즈니악이 회사에 고용된 기간 동안 개발한 컴퓨터에 대해 휴렛팩커드 사가 권리를 주장할 수도 있다는 이유에서였다. 휴렛팩커드 사에서 하는 일을 좋아하기는 했지만 워즈니악은 애플을 위해 기꺼이 안정된 일자리를 그만두기로 한다. 마지막으로 맞춰야 할 퍼즐 조각은 애플의 사장으로 내세울 다른 누군가를 고용하는 일이었다. 세 사람 중 누구도 실제로 회사를 운영한 경험이 없었기 때문이었다. 마쿨라가 반도체 제조업체인 내셔널 세미컨덕터에서 제조 부문을 총괄하던 마이클 스코트를 영입했다.

1977년 4월 17일 샌프란시스코에서 열린 첫 번째 웨스트 코스트 컴퓨터 전시회에서 Apple II가 공개되었다. Apple II는 일반인을 상대로 하는 대량 판매 시장을 공략한 까닭에 엄청난 성공을 거두었다. Apple II는 본체와 표준 키보드, 전원 공급

학교에 보급된 맥 컴퓨터

1970년대 말 미국 전역에 있는 고등학교에서는 앞으로 학생들에게 필요한 기술이 되리라는 판단 아래 교과 과정의 일부로 베이직 프로그램을 개발하는 법을 가르치기 시작했다. 고등학교에 프로그램 개발 과정이 도입되면서 Apple II 앞으로 교육 시장이 활짝 열리게 되었다. 게다가 학교에서 컴퓨터를 사용한 학생들이 부모에게 선물로 컴퓨터를 사 달라고 하기 시작했다. 예상하지 못했던 수요로 인해 Apple II를 생산하던 초창기 시절 애플 컴퓨터는 계속 살아남을 수 있었다.

Apple Ⅱ는 플로피 디스크의 초기 형태인 5.25인치 플로피 디스크만 읽을 수 있었다(왼쪽).
1984년에 출시된 첫 번째 매킨토시는 조금 더 작은 3.25인치 플로피 디스크도 읽을 수 있었다
(오른쪽). CD(아래쪽)는 1990년대 말이 되어서야 널리 보급되었다.

장치를 갖추고 있었으며 화면 상에서 컬러로 된 그래픽을 보여 줄
수 있었다. 기존 Apple I 가격의 세 배에 달하는 1298달러라는 비
싼 가격에도 Apple Ⅱ는 거침없이 성공 가도를 달렸다.

곧이어 Disk Ⅱ가 상용화되면서 Apple Ⅱ는 더욱 커다란 성공을 거두었다. Disk Ⅱ는 Apple Ⅱ의 확장 슬롯에 끼울 수 있는 플로피 디스크 드라이브*로, 특히 데이터를 카세트테이프에 저장하는 다른 컴퓨터와 비교해 Apple Ⅱ가 더 많은 데이터를 저장할 수 있도록 도와주었다. 소프트웨어 엔지니어들 역시 컴퓨터용 스프레드시트 '계산기' 애플리케이션으로 작업을 했다. 1979년 6월 애플 컴퓨터가 새로 발표한 Apple Ⅱ Plus에는 Disk Ⅱ와 함께 전자식 스프레드시트 소프트웨어 '비지칼크'가 제공되었다. 비지칼크의 출현으로 컴퓨터가 개인용뿐만 아니라 사무용으로 사용할 수 있는 길이 열리게 되었다. 비지칼크는 오로지 애플 사에서 만든 컴퓨터에서만 작동했기 때문에 Apple Ⅱ는 날개 돋친 듯 팔려 나갔다.

이미지를 바꾸다

워즈니악은 사람들 앞에 모습을 드러내지 않은 채 계속해서 애플 컴퓨터의 두뇌로 활약했다. 반면 잡스는 외부 인사를 만나 투자를 받고 회사 광고 제작을 의뢰하는 애플을 대표하는 얼굴 역할을 맡

플로피 디스크 드라이브 콤팩트 디스크(CD) 이전에 등장한 데이터 저장 장치의 한 형태

로고를 만들다

1977년 잡스는 애플 컴퓨터의 새 로고를 디자인하기 위해 레지스 메케나를 영입했다. 디자인을 담당하던 롭 야노프가 검은색과 흰색만을 사용해 사과의 윤곽을 표현한 첫 로고를 만들었지만 그것만으로는 부족했다. 롭은 이렇게 말했다. "저는 사과의 형태를 단순화해서 표현하고 싶었습니다. 그리고 한쪽 부분을 한 입-바이트*가 맞지요?-깨문 것처럼 보이게 해서 토마토와 혼동하는 일이 없게 했지요."

잡스는 야노프에게 애플 컴퓨터가 컬러 그래픽을 지원함을 나타내도록 사과 모양 안에 여섯 가지 색깔로 구성된 줄무늬를 넣으라고 지시했다. 경계를 표시하는 검은 줄이 없는, 무지개와 닮은 이 줄무늬로 로고는 좀 더 복잡하고 값어치 있게 재탄생되었다.

1999년 이 로고는 사과 모양 안에 있던 여섯 가지 색깔 줄무늬를 없애고 대신 그 자리를 흰색으로 채워 넣으면서 훨씬 더 간단하게 바뀌었다.

았다. 회사의 위상이 점점 높아지자 잡스는 자신의 외모를 어느 정도 꾸며야겠다는 생각을 했다. 그때까지 잡스는 머리를 길게 기르고 청바지와 티셔츠를 걸친 조금은 꾀죄죄해 보이는 차림을 하고 다녔다. 심지어 회사에 투자할 가능성이 높은 사람을 만나는 자리에 맨발로 나타난 적도 있었다. 잡스는 앞으로 애플의 소비자가 될 가능성이 있는 사람들에게 자신이 젊고 유능한 사업가라는 느낌을 주기 위해 조심스럽게 겉모습을 바꿨다. 긴 머리를 싹둑 자르지는 않았지만 깔끔하게 다듬었고 정장을 입기 시작했다. 하지만 잡스는 여전히 직원들에게 같이 일

바이트 byte, 컴퓨터가 데이터를 처리하는 기본 단위, '한 입'을 뜻하는 bite와 음이 같다.

하기 그다지 편한 사람은 아니라는 소리를 들었다.

한편 워즈니악은 Apple Ⅱ의 기본 설계를 수정해 개선하는 작업을 계속하고 있었다. 하지만 회사 내 몇몇 직원들은 새로운 제품을 빨리 내놓지 않으면 자신들이 거둔 성공이 금방 사라지지 않을까 걱정했다. 회사는 Apple Ⅲ를 준비하기 시작했다. Apple Ⅲ는 가정과 학교용 컴퓨터로 남길 Apple Ⅱ와 달리 기업용 컴퓨터 시장을 공략할 목적으로 만드는 제품이었다.

그동안 회사 자체는 성장과 변화를 거듭하고 있었다. 1978년 여름 Apple Ⅱ를 처음으로 출시한 지 1년이 조금 더 지난 그때까지도 애플 컴퓨터의 하루 컴퓨터 생산량은 겨우 30대 정도에 불과했다. 당시 제조 부문에는 직원 스물여덟 명과 관리자 한 명이 근무하고 있었지만 애플 컴퓨터는 날마다 직원 부족에 시달렸다. 애플 컴퓨터는 종종 인텔이나 휴렛팩커드 같은 다른 회사에 다니는 직원을 이런저런 조건으로 유혹해 회사로 데려왔다. 이제는 차고에 모여 컴퓨터를 제작하는 사람들의 단순한 모임이 아닌 규모가 큰 회사처럼 체계적으로 운영해야 한다는 압박도 존재했다. 품질 관리가 제대로 되는지 감독하고 품질 관리 체계를 만드는 인력과 하드웨어를 설계하는 인력도 필요했다. 프로젝트 일정이 제대로 수립되고 관리되어야 했으며, 회사에서 사용하는 공식 서식에 맞춰 문서를 작성하고 회의에 참석하는 일이 직원들의 일상에 스며들어야 했다. 애플에서 일하던 한 젊은 엔지니어는 회사에 일어나는 변화에 대해 강하게 불만을 터뜨렸다. "다들 이런 생각을 합니다. '미치겠군. 쓸데없는 문서들을 작성하라고 하면서 그 와중에 매주 회의를 한다고?' 체계를 잡는 일이라는 게 처음부터 그리 쉬운 일이 아니지 않습니까."

회사는 빠르게 성장했다. 설립된 지 고작 3년밖에 지나지 않은 1980년 9월까지 Apple Ⅱ 13만 대가 팔려 나갔다. 당시 애플의 연간 매출액은 1170만 달러였다. 애플 컴퓨터에서 월급을 받는 직원은 천 명으로 불어났고, 애플은 실리콘 밸리 내 건물을-대부분 쿠퍼티노 안에 있었는데-15개나 차지했다.

하룻밤 사이에 백만장자가 된 사람들

1980년 애플이 주식을 상장했을 때 백 명이 넘는 사람들이 하룻밤 사이에 백만장자가 되었다. 백만장자가 된 직원들 중 상당수가 그전까지 연봉으로 4만 달러 이상 받아 본 적이 없었던 사람들이었다.

주식을 상장하다

1980년 12월 12일 애플 컴퓨터는 한걸음 더 나아가 주식을 상장했다. 이 말은 회사 사람들만 보유하던 주식이 이제 뉴욕 증권 거래소NYSE에서 거래되고, 결과적으로 투자자가 주식 시장에

서 주식을 사들여 회사의 일부를 소유할 수 있게 된다는 뜻이었다. 애플 컴퓨터 한 주당 가격은 22달러로 책정되었으며, 상장하자마자 단 몇 분 만에 460만 주가 전부 팔렸다. 회사의 순자산은 빠른 속도로 불어나 17억 8000만 달러 수준에 이르렀다. 애플 컴퓨터를 설립한 사람들과 애플에서 근무하는 많은 직원들이 하룻밤 사이에 백만장자로 변신했다. 1980년 주식을 상장한 뒤 잡스의 순자산은 1억 달러를 훌쩍 뛰어넘었다.

로스 앨터스에 있는 작은 차고에서 시작해 수십억 달러의 가치가 있는 회사로 되기까지 애플 컴퓨터는 빛처럼 엄청나게 빠른 속도로 성장을 계속했다. 그러나 급속도로 성장하는 회사가 그렇듯 애플 컴퓨터가 가는 길에도 곳곳에 장애물이 도사리고 있었고, 머지않아 그 장애물과 맞닥뜨리게 되었다.

Apple II는 잡스와 초창기 애플 컴퓨터가 성공할 수 있었던 비결이었다.

05

커져 가는 시련

몇 년 동안 애플은 개인용 컴퓨터 시장에서 독보적인 위치를 차지했다. 그러나 회사를 이끌어가는 사람은 언제든지 경쟁자가 나타날 수 있다는 사실을 잊지 않아야 하고, 그때그때 민첩하게 대처할 수 있어야 하며, 경쟁자가 어디에서 등장할지 확실하게 파악해야 했다. 1981년 8월 12일 그동안 대형 컴퓨터 메인프레임 생산에 주력했던 인터내셔널 비즈니스 머신 즉 IBM이 자사의 첫 개인용 컴퓨

1983년 잡스와 애플 컴퓨터의
엔지니어가 애플의 최신 컴퓨터
모델을 자랑스럽게 소개하고 있다.

터 모델을 공개했다. 가격이 1565달러로 책정된 이 모델은 5.25인치 플로피 디스크 드라이브와 16KB 내장 메모리를 탑재하고 있었다.

애플은 처음에는 IBM이라는 새로운 변화 요소를 순순히 받아들였다. 심지어 IBM이 개인용 컴퓨터 시장에 진입한 것을 환영한다며 미국의 경제전문지 《월스트리트 저널》에 전면 광고를 내기도 했다. 하지만 애플은 IBM이 만든 새 컴퓨터가 Apple Ⅱ보다 성능이 떨어진다고 생각했다. 당시 잡스는 이렇게 말했다. "세상에서 가장 거대한 컴퓨터 회사가 6년 전 차고에서 만들어진 Apple Ⅱ를 상대할 수 있을지 궁금합니다." 그러나 비록 IBM이 첫 번째로 출시한 개인용 컴퓨터가 Apple Ⅱ를 능가하지는 못했어도, 사람들에게 IBM이라는 회사의 이름을 알리고 회사에 대한 신뢰를 쌓게 하는 데는 충분한 역할을 했다. 출시 첫 해가 끝나갈 무렵 IBM은 컴퓨터 5만 대를 판매했으며, 개인용 컴퓨터 시장에서 IBM이 착실히 자신의 자리를 넓혀 가는 동안 애플의 시장 점유율은 제자리걸음을 하고 있었다.

위험한 사고

1981년 초 직접 몰던 소형 비행기가 추락하면서 워즈니악이 거의 죽을 뻔한 사건이 발생했다. 워즈니악은 머리를 부딪히면서 얼굴에 부상을 입고 뇌진탕과 단기 기억 상실증에 시달렸다. 비행기 사고 후유증으로 워즈니악은 1981년 3월 애플에 병가를 냈고 그 후 1년 동안 돌아오지 못했다.

리사

1983년 1월 애플은 새롭게 개발한 컴퓨터 리사를 출시해 컴퓨터 시장에서 빼앗긴 자신의 지위를 어느 정도 회복하려고 시도했다. 예전부터 잡스는 사용자에게 명령어를 입력하기 위한 도구로 변함없이 키보드를 제공했던 Apple Ⅱ보다 훨씬 더 사용하기 편리한 컴퓨터를 만드는 데 관심이 많았다. 리사는 컴퓨터를 제어하는 새로운 장치를 도입할 예정이었다. 그것은 복사기 및 프린터 제조업체인 제록스 사를 방문하고 잡스가 영감을 받아 만든 새로운 위치 지정 장치로, 1960년대에 개발된 버튼이 세 개 달린 마우스를 응용한 것이었다. 리사는 재설계 과정을 거쳐 버튼이 한 개인 마우스를 갖춘 상태로 공개되었다. 그리고 리사를 출시하는 시기에 맞춰 스프레드시트*와 워드 프로세서, 그림판 프로그램을 포함한 일곱 가지 소프트웨어 애플리케이션도 함께 선보였다. 하지만 불행하게도 가격이 9995달러나 된다는 문제도 따라왔다. 일반적인 개인용 컴퓨터와 비교해 훨씬 높아진 가격에 소비자들은 새 모델을 살 엄두를 내지 못했고 결국 리사는 기업에서나 구매 가능한 컴퓨터가 되

스프레드시트 가로행과 세로행이 교차하여 만든 셀로 구성된 표에 숫자나 수식, 문자 등의 자료를 입력하여 계산하거나 정리하는 프로그램. 대표적으로 마이크로소프트 사의 엑셀 프로그램이 있다.

었다. 게다가 애플이 리사를 개발하기 위해 수백만 달러를 쏟아붓는 바람에 책정했던 예산을 초과하는 사태가 빚어졌으며 출시 일정도 미루어졌다. 엎친 데 덮친 격으로 리사에 탑재된 프로세서는 매우 느렸고 플로피 디스크 드라이브 시스템도 몹시 불안정했다. 하지만 컴퓨터 시장에서 발생한 가장 큰 문제는 어느 누구도 아닌 애플 스스로가 만든 사태였다. 그것은 바로 1984년 1월 24일 애플이 출시한 매킨토시였다.

기업의 가치

1980년대 애플은 자사의 기업 가치를 평가한 목록을 작성했다.

- 사람마다 컴퓨터가 한 대씩 있는 시대
- 우리는 이를 위해 공격적으로 목표를 설정하고 끊임없이 노력한다.
- 우리는 스스로가 신뢰할 수 있는 제품을 만든다.
- 우리는 경제적 이익을 창출하는 것은 물론 사회에 긍정적 변화를 가져오기 위해 이곳에 있다.
- 사람은 전부 소중한 존재다. 사람에게는 누구나 차이를 만들어낼 기회와 의무가 있다.
- 성공하든 실패하든 우리는 모두 함께한다.
- 우리는 열정적인 사람들이다!
- 우리는 창조적인 사람들이다. 우리는 세상을 선도한다.
- 우리는 모든 사람이 우리가 시작한 모험에 함께 동참하고 이를 즐기기를 바란다.
- 우리는 스스로 무엇을 하는지 잘 알고 있다.
- 우리는 애플의 가치가 활짝 피는 세상을 만들고자 한다.

매킨토시

1979년 초반 애플의 이사회 의장인 마이크 마쿨라는 제프 래스킨에게 '애니'라고 이름 붙인, 특별히 게임용 컴퓨터 시장을 공략할 400달러짜리 컴퓨터를 만드는 애플의 새로운 프로젝트에 참여해 보지 않겠냐고 물었다. 애플은 이미 값비싼 Apple Ⅱ를 판매하고 있었고 그보다 훨씬 더 비싼 리사를 개발 중이었으므로, 소비자에게 또 다른 선택의 기회를 제공할 필요가 있었다. 새로 개발될 컴퓨터는 일반인들을 상대로 판매될 예정이었다. 이 컴퓨터는 별도의 케이블 없이 본체 하나에 모든 장치를 포함시켰기 때문에 다른 컴퓨터와 비교해 이리저리 옮기기가 훨씬 쉬웠다. 훗날 매킨토시 혹은 맥이라고 부르게 될 이 제품은 리사와 기능적으로는 여러 가지로 비슷하지만 가격 면에서 훨씬 더 많

평론가들의 주장

많은 IT 평론가들이 매킨토시 출시에 관한 논쟁에 끼어들었다. 논쟁에 뛰어든 평론가 중에는 밥 라이언도 있었다. 그는 1984년 3월 미국의 컴퓨터 잡지 《인사이더》에 이렇게 기고했다.

"매킨토시는 현시대에 탄생된 개인용 컴퓨터라고 부르는 복잡한 기계를 익숙하게 사용하기 위해 기나긴 교육 과정을 받을 시간도 의향도 없었던 수많은 사람들의 시선을 빼앗을 컴퓨터이다. …… 매킨토시는 많은 개인용 컴퓨터 속에서도 스스로 차세대 표준을 만들어 낼 것이다."

말을 하는 매킨토시

애플의 새 컴퓨터 매킨토시를 처음 사람들 앞에 선보였을 때 매킨토시는 내장된 기계 합성음을 사람들에게 들려주기 위해 '말'을 했다.

"안녕하세요. 저는 매킨토시입니다. 가방에서 나오니 정말 날아갈 것 같네요. 사람들 앞에서 말을 하는 일이 제게는 익숙하지 않지만 그래도 IBM이 만든 메인프레임 컴퓨터를 처음 봤을 때 제 머릿속에 떠올랐던 생각을 여러분께 들려 드리고 싶습니다. 당신이 들어 올리지 못하는 컴퓨터는 믿지 마세요. 하지만 지금은 도로 자리에 앉아 귀를 기울이고 싶습니다. 제게는 아버지 같은 사람을 소개하는 건 굉장히 영광스러운 일이니까요. 여러분께 스티브 잡스를 소개합니다."

은 사람들에게 매력적으로 다가가리라 예상되었다. 매킨토시가 이렇게 된 데에는 리사가 예상했던 만큼 매출을 내지 못하자 리사 프로젝트에서 뒤로 밀려났던 잡스가 매킨토시의 개발을 지원해야 한다고 고집을 부린 탓도 있었다. 잡스는 리사와 매킨토시 사이의 경쟁 요소를 보여 주면서 맥이 리사만큼 성능이 우수하지만 가격은 훨씬 저렴하다고 자랑했다. 결과적으로 잡스는 리사와 매킨토시 프로젝트에서 일하는 사람들 사이를 벌어지게 하고, Apple Ⅱ 프로젝트에서 일하던 사람들에게 자신들이 무시당한다는 느낌이 들게 만들었다.

래스킨 역시 잡스와 일하기가 쉽지 않았다. 래스킨은 이렇게 말했다. "잡스는 어떤 일이든 참견을 하려고 합니다. 다른 사람이 무슨 일을 하든지 잡스는 그 일에 관여하려고 하지요. 애플에서 근무

하는 사람 중 어느 누구도 잡스가 자신의 프로젝트에 참여하기를 바라지 않았습니다. 제가 매킨토시 팀을 만들었을 때 그 팀에서 일하던 사람들 역시 잡스를 원하지 않았습니다." 그러나 매킨토시가 드디어 세상에 나왔을 때 잡스는 매킨토시를 소개했고 사람들이 새 제품에 열광하게 만들었다. 1984년 1월 24일에 열린 애플의 주주총회에서 잡스는 이렇게 말했다.

"지금까지 IT 업계에 등장해서 이정표가 되었던 제품은 오로지 두 개뿐입니다. 하나는 1977년에 출시된 Apple Ⅱ이고 다른 하나는 1981년에 출시된 IBM PC지요. 이제 IT 업계에 세 번째 이정표를 세울 새로운 제품을 소개합니다." 말을 끝낸 후 잡스는 탁자 위에 놓인 천으로 만든 가방에서 매킨토시 컴퓨터를 꺼내 그래픽 기능과 음성 합성 기능을 사람들에게 선보였다. 하지만 매킨토시에 매겨진 가격은 애플이 처음 매킨토시를 만들면서 책정하려고 했던 400달러보다 훨씬 더 비쌌다. 매킨토시는 2495달러가 적힌 가격표를 달고 출시되었다.

1984

매킨토시는 1984년 1월 22일 제16회 슈퍼볼 대회가 열리는 동안 방영된 텔레비전 광고를 통해 사람들 앞에 모습을 드러냈다. 이 광고는 조지 오웰이 소설 『1984』에서 글로만 막연히 표현했던 이미지처럼 손에 커다란 해머를 든 탄탄한 몸매의 여자가 제복을 입은 남자들에게 쫓기는 장면을 보여 준다. 여자는 노동자들이 열을 맞춰 줄줄이 앉아 화면 속 커다란 얼굴의 연설 영상을 멍하니 바라보고 있는 강당으로 들어선다. 맥 티셔츠를 입은 여자는 손에 든 커다란 해머를 화면을 향해 던지고 화면에서 터져 나오는 불꽃이 노동자들의 주변을 감싼다. 그리고 마지막 장면에서 이런 자막이 나타난다. "1월 24일 애플 컴퓨터가 매킨토시를 출시합니다. 여러분은 실제 1984년이 어째서 소설 속 1984년과 다른지 확인하게 될 것입니다."

그러나 야심차게 새로 출시한 매킨토시도 애플의 경영 상태를 건전하게 만들어 주지는 못하는 듯 보였다. 매킨토시 컴퓨터는

『1984』

『1984』는 영국인 소설가 조지 오웰이 1949년에 발표한 소설이다. 이 소설은 정부가 세뇌와 감시를 통해 사람들을 통제하고 다수의 이익을 지키기 위해 사람들을 억압하는 디스토피아반이상적 사회에서 벌어지는 이야기를 담고 있다. 빅 브라더라고 부르는 정치 지도자가 이 나라를 이끌고 있다.

애플의 광고 〈1984〉에서 화면에 나오는 커다란 얼굴은 소설 속에 등장하는 빅 브라더와 비슷한 이미지를 보여 준다. 이 광고는 소비자들이 빅 브라더, 혹은 IBM이 만들어 놓은 세상에서 빠져나와 새로운 매킨토시 컴퓨터를 사용해야 한다는 메시지를 전한다.

매킨토시는 내리막길을 걷기 시작한 애플의 성공을 다시 끌어올릴 만큼 널리 보급되지 못했다.

애플이 기대했던 만큼 많이 판매되지 않았다. IBM PC와 호환되는 기종들이 컴퓨터 시장을 점점 더 많이 장악하는 것과 비례해 애플의 시장 점유율은 점점 줄어들었다. 애플은 1983년 4분기 동안 엄청난 재정적 손실을 입었음을 발표했고, 그 바람에 애플의 주가가 곤두박질쳤다. 이때 입은 손실로 잡스의 개인 총자산이 단 몇 주 만에 2억 5000만 달러로 줄어들었다.

변화

1983년 4월 잡스는 탄산음료 제조업체인 펩시콜라에서 최고 경영자로 일했던 존 스컬리를 영입해 애플의 새로운 최고 경영자로 내세운다. 잡스는 지금까지 한 번도 컴퓨터 업계에 종사해 보지 않은 사람만이 가질 수 있는 신선한 시각이 회사에 필요하다는 사실을 잘 알고 있었다. 스컬리는 애플이 재정적으로 내리막길을 걷기 시작했던 시기에 회사에 들어왔다. 스컬리 역시 잡스와 함께 일하기가 불편해지기 시작했다. 결국 스컬리는 애플의 이사진에게 자신의 편에 설지 아니면 잡스의 편에 설지 결정하라고 요구했고, 그 결과 두 사람은 물론 회사 내부에서 두 사람을 지지하는 사람들 사이에서도 갈등이 점점 깊어갔다. 잡스는 스컬리를 회사에서 몰아내자는 안건에 동의해 달라고 다른 이사진들을 설득했지만 이사진들은 잡스와 뜻을 같이 하지 않았다. 잡스는 자신이 세운 회사에서 실제로 아무 일도 하지 못하는 상태가 되었다. 마침내 1985년 9월 17일 잡스는 애플을 떠나겠다고 공식적으로 밝혔다. 잡스는 이렇게 말했다.

마치 누군가 제 가슴을 주먹으로 세게 쳐서 숨이 턱 하고
막히는 기분입니다. 저는 이제 겨우 서른 살이 되었습니다.

그리고 앞으로도 계속해서 뭔가를 만들어 낼 수 있는 기회가 오기를 바랍니다. 지금 제 머릿속에는 역사에 길이 남을 위대한 컴퓨터가 적어도 하나 이상 들어 있습니다. 그러나 애플은 제게 그 컴퓨터를 만들 기회를 주지 않을 것입니다.

이제 애플과 잡스는 서로 다른 길을 가게 되었다. 적어도 당분간은.

잡스가 회사를 떠난 뒤 애플 컴퓨터의 경영을 맡은 존 스컬리가
1987년 매킨토시 II 컴퓨터를 선보이고 있다.

06

애플의 다음 발걸음

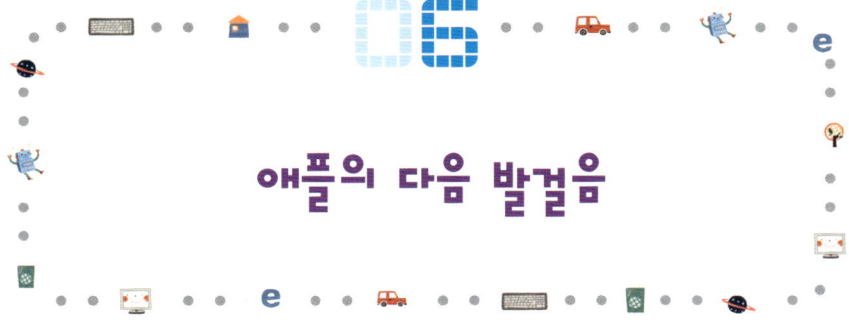

잡스는 애플이 처했던 골치 아픈 상황에서 빠져나왔고, 애플은 시련의 시기로 접어들었다. 많은 사람들이 애플 컴퓨터 역시 잠깐 등장했다가 사라지고, 결국 사람들의 머릿속에서 영영 지워졌던 무수한 IT 기업과 똑같은 길을 가게 되지 않을까 걱정했다. 잡스는 1986년 1월 '넥스트'라고 이름 붙인 새로운 회사를 창립했다. 그리고 대학에서 연구 목적용 애플리케이션을 개발할 때 사용할 수 있

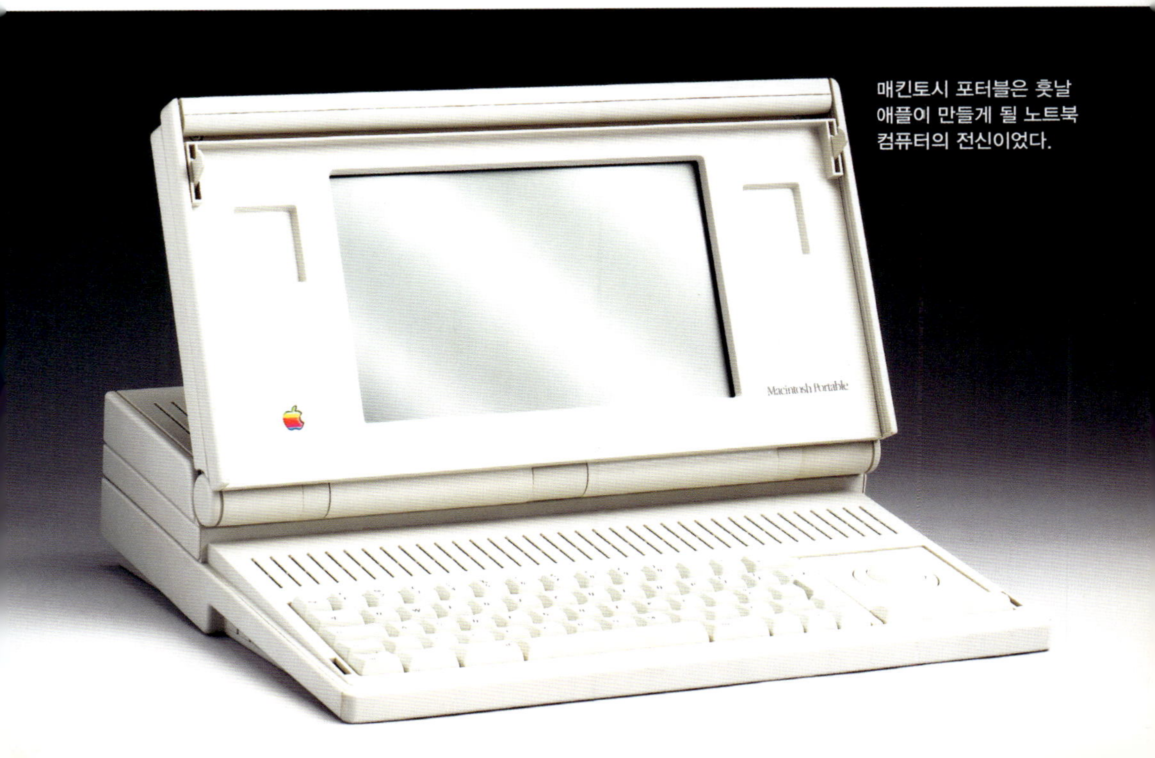

매킨토시 포터블은 훗날 애플이 만들게 될 노트북 컴퓨터의 전신이었다.

는 컴퓨터를 설계하는 프로젝트에 참여했다.

이동성이 주목받는 시대로

하지만 애플은 완전히 사라지지 않았다. 애플은 계속해서 새로운 제품을 만들어 냈으며, 그중에는 '책 크기만 한 맥'이라는 아이디어에서 출발하여 가지고 다니기 편한 맥 컴퓨터를 만들자는 행동으로 자연스럽게 바뀌어 탄생된 제품도 들어 있었다. 1989년 9월 새로운 제품이 세상에 모습을 드러냈다. 판매가가 6500달러로 책정된 매킨토시 포터블이었다. 매킨토시 포터블은 데스크톱 컴퓨터에서 사용하는 키보드와 똑같은 크기의 키보드는 물론 마우스 대신 사용할 수 있는 트랙볼까지 획기적인 기능을 갖추고 있었다. 하지만 매킨토시 포터블에도 중대한 결점이 있었다. 매킨토시 포터블의 무게는 대략 7kg으로 이전에 나온 매킨토시 데스크톱과 맞먹었다. 매킨토시 포터블이 그보다 무게가 덜 나가는 경쟁사의 노트북보다 훨씬 성능이 뛰어나다고 강조했지만 그때는 경쟁사에서 이미 5kg 남짓 하는 노트북을 만들던 시기였다.

1991년 애플이 파워북을 출시했다. 매킨토시 데스크톱 컴퓨터만큼 성능이 뛰어나도록 설계된 이 제품은 기존의 육중한 매킨토

시 포터블보다 들고 다니기가 훨씬 편했다. 게다가 파워북은 매킨토시 포터블보다 더 큰 성공을 거두기도 했다.

애플이 만든 최초의 태블릿 컴퓨터, 뉴턴

애플의 최고 경영자 스컬리는 매출이 줄어들고 경쟁자가 늘어나는 어려움 속에서 애플의 순이익을 끌어올리기 위해 새 프로젝트를 한 가지 더 구상하고 있었다. 스컬리는 연필 모양의 스타일러스 펜으로 조작하고 크기가 작아 휴대하기 편한 컴퓨터 메시지 패드를 만들어 애플을 새로운 개인 정보 단말기PDA 시장으로 진출시키고자 했다. 이 기기는 뉴턴이라 불렸는데 사용자들은 평소처럼 달력 위에 약속이나 회의 정보를 기록하고, 간단한 메모나 해야 할 일을 적을 수 있을 뿐만 아니라, 오늘날 블랙베리*와 아이폰의 기본 프로그램과 비슷한 기능들이 제공될 터였다. 그리고 손으로 쓴 메모를 컴퓨터가 인식할 수 있는 텍스트 데이터로 바꾸는 기능도 제공하려고 했는데, 이 기능을 구현한 소프트웨어가 기대만큼 잘 동작하지 않았다. 애플은 이 기기를 만들기 위해 모토로라와 샤프를 비

블랙베리 캐나다의 리서치 인 모션(RIM) 사가 2002년에 개발한 제품. 아이폰이 나오기 전까지 북아메리카 지역에서 가장 널리 사용된 스마트폰이다.

롯해 다른 여러 전자 회사와 팀을 이뤘다.

1993년 뉴턴 시리즈의 첫 번째 제품이 출시되었다. 출시 초기 몇 가지 문제점이 발견되었지만 뉴턴은 이곳저곳에서 기술상을 받았다. 뉴턴을 본 다른 여러 회사들이 자체적으로 준비하던 PDA 개

넥스트 큐브

1989년 가을 잡스가 넥스트 큐브 컴퓨터를 세상에 선보였다. 넥스트 큐브는 일반적인 컴퓨터와 달리 정육면체큐브 모양으로 만들어졌다는 사실 외에도 여러 가지로 혁신적인 면을 많이 도입한 제품이었다.

가장 중요한 혁신은 객체 지향 프로그래밍이라는 넥스트 큐브의 새로운 프로그래밍 방식이었다. 객체 지향 프로그래밍이란 서로 다른 프로그램들이 정보와 기능을 공유하고 프로그래머가 시스템의 서로 다른 요소나 객체 사이에 관계를 설정할 수 있게 해 주는 방식이다. 객체 지향 프로그래밍은 기존보다 훨씬 더 유연한 프로그래밍 방식이기도 했다. 컴퓨터의 각 기능을 모듈화해 모든 것을 변경하지 않고도 운영체제os의 일부를 바꿀 수 있는 권한을 프로그래머에게 주었기 때문이었다.

1994년 미국의 대중문화 전문 잡지 《롤링 스톤》과의 인터뷰에서 잡스는 이렇게 말했다. "20년 동안 컴퓨터 업계에 종사하면서 저는 이토록 엄청난 혁명을 본 적이 없습니다. 사람들은 말 그대로 5배에서 10배 빠르게 소프트웨어를 개발할 수 있는데다 개발된 소프트웨어는 훨씬 안정적으로 작동하고, 관리하기도 쉬우며, 엄청나게 강력해졌지요." 하지만 넥스트 큐브에 적용된 정육면체 모양의 디자인 때문에 컴퓨터에 사용되는 부품을 모두 본체에 집어넣고 조립하기가 어려웠다. 게다가 가격은 개인이나 학교가 감당할 수 있는 금액보다 훨씬 높은 6000달러를 뛰어넘었다.

뉴턴은 어느 정도 성공을 거두기는 했으나 끝내 애플에 많은 돈을 벌어다 주지는 못했다.

발을 서두르기 시작했다. 뉴턴 제품을 개발하는 데 연관됐던 기술은 결과적으로 훗날 애플에게 아이폰과 아이패드를 탄생시키는 기반을 마련해 주었다.

　뉴턴이 거둔 성공 덕분에 간절히 필요했던 자금을 어느 정도는 확보할 수 있었지만, 1997년 무렵 애플은 뉴턴 사업부를 자회사의 형태로 분리시켰다. 애플의 컴퓨터 시장 점유율이 지속적으로 추락하고 있었던 탓에 1993년 스컬리는 어쩔 수 없이 최고 경영자 자리에서 물러났다. 대신 애플의 유럽 지사를 담당하던 마이클 스핀들러가 애플의 새 최고 경영자가 되었다. 하지만 그래도 회사의 재정적 상황은 나아지지 않았다. 마이클 스핀들러의 뒤를 이어 1996년 애플의 새로운 최고 경영자가 된 길버트 아멜리오는 이렇게 말했다. "뉴턴을 살리기 위해 애플은 분기 당 1500만 달러를 쏟아부었습니다. 그리고 결국 메시지패드 2000으로 뉴턴 시리즈는 그동안 애플에게 입혔던 손실을 메웠으며 이제 회사에 돈을 벌어 줄 준비를 하고 있습니다." 뉴턴 사업부는 애플의 소유이기는 하지만 경영에는 간섭하지 않는 방식으로 애플에서 분리되었다.

그러나 1998년 2월이 되자 애플은 더 이상 새로운 뉴턴 시리즈를 개발하지 않겠다고 발표했다. 휴대용 컴퓨터의 사용이 일반화되기는 했어도 애플이 뉴턴을 개발하고 상품화시켜 시장에 내놓느라 지출한 5억 달러 만큼의 가치를 뉴턴이 발휘하지 못했기 때문이었다. 뉴턴 프로젝트를 지휘했던 수석 엔지니어 스티브 캡스는 이렇게 말했다. "뉴턴 프로젝트가 성공을 했든 못 했든 우리는 또 한 가지 영역을 개척했습니다. 대담하게 도약하고 싶다면 그 자신이 먼저 대담해져야 합니다. 성공한 사람은 모든 사람이 사랑하는 영웅이 되고, 실패한 사람은 모든 사람의 희생양이 되기 마련입니다."

또 다른 잘못된 시작들

1990년대를 지나는 동안 애플은 시장에서 예전의 영광을 되찾기 위해 여러 가지 신제품을 잇달아 출시했다. 이 시기에 애플이 시장

에 내놓은 제품 가운데 '센트리스'와 '콰드라' 시리즈는 컴퓨터 제품군에 속한다. 또 다른 시도로는 시어스와 월마트 같은 대형 유통업체에서 판매되었던 소비자 친화적 컴퓨터 제품군 '퍼포머' 시리즈가 있다. 퍼포머 시리즈는 대부분 애플에서 출시한 다른 컴퓨터 모델을 포장만 바꾸거나 기능을 약간 변경해서 내놓은 제품이었다. 애플이 퍼포머 컴퓨터 모델마다 각기 다른 소프트웨어와 기능을 묶어 내놓았기 때문에 매장마다 파는 모델이 각각 달랐다. 불행하게도 소비자는 이런 차이점을 보며 혼란스러워했고, 매장에서 근무하는 영업 사원들마저 소비자의 질문에 제대로 대답할 만큼 교육 받지 못했다. 컴퓨터와 관련된 서비스를 받기도 어려웠는데 이는 퍼포머 시리즈를 판매하는 매장이 인증 받은 서비스 센터가 아니었기 때문이었다.

애플은 텔레비전 액세서리나 비디오 게임 콘솔, 디지털카메라 같은 또 다른 소비 가전제품의 시장 진출을 시도했다. 1994년부터 1996년까지 애플은 '이월드'라고 부르는 인터넷 포털 사이트를 운영하기도 했다. 이월드는 이메일 서비스와 뉴스 서비스, 온라인 게시판을 제공하는 웹 사이트였

> "애플은 성공의 절정에 이르렀을 때는 오만하고 장애물에 부딪혔을 때는 사람들을 놀라게 할 만큼 혁신적인, 남들이 보기에 다소 비정상적인 세상에 살고 있다."
>
> 존 스컬리, 애플의 전 최고 경영자

다. 그러나 다른 인터넷 서비스와 비교했을 때 사용 가격이 비쌌던 탓에 이월드는 많은 사람들에게 외면을 받았다.

애플은 IBM과 IBM이 생산하는 개인용 컴퓨터 그리고 마이크로 소프트 윈도우즈를 운영 체제로 선택한 다른 많은 컴퓨터들과 점점 더 치열하게 경쟁을 벌였다. 1996년이 되자 맥에서 사용되는 운영 체제를 개선할 필요성이 나타났다. 운영 체제 개선은 특히 윈도우즈를 사용하는 컴퓨터에게 빼앗긴 시장 점유율을 어느 정도라도 되찾기 위해 애플에게 꼭 필요한 작업이었다. 애플은 안 그래도 어려운 시기에 자체적으로 새로운 운영 체제를 개발한다고 엄청난 비용을 지출해 회사를 더욱 어렵게 만드는 대신, 회사를 창립할 때 큰 역할을 한 사람이 만들어 낸 성과물에 한 번 더 눈을 돌리기로 했다. 그 당시 잡스는 자신이 새로 만든 회사인 넥스트 사에서 개발한 컴퓨터에서 사용할 목적으로 '넥스트 스텝*'이라는 강력한 운영 체제를 자체적으로 개발했다. 잡스가 개발한 운영 체제가 애플을 구하는 넥스트 스텝이 될 수 있지 않을까?

넥스트 스텝 다음 발걸음 혹은 다음 조치라는 뜻

1988년 10월 잡스가 넥스트 사에서 처음으로 개발한 넥스트 컴퓨터를 공개했다.

07

애플로 복귀하다

애플에서 물러난 뒤 잡스는 자신의 새로운 컴퓨터인 넥스트 시리즈를 만드는 프로젝트를 진행하느라 몇 년을 보냈다. 잡스는 억만장자인 헨리 로스 페로와 스탠퍼드대학교 같은 투자자들에게서 새로운 자금을 확보했다. 잡스는 심지어 자신의 회사에 사용할 목적으로 새로 디자인한 로고에 거액의 돈을 쏟아붓기도 했다. 그러나 넥스트는 한 번도 사업적으로 성공을 거두지 못했고, 1996년이 됐

애플의 최고 경영자 아멜리오는 애플과 넥스트의 합병을 지휘했지만 곧 잡스에게 최고 경영자 자리를 넘겨주어야 했다.

을 무렵에는 내리막길을 걷고 있는 상태였다. 바로 그때 애플이 넥스트 컴퓨터 시리즈에 사용하기 위해 만든 새 운영 체제가 필요하다고 나섰다.

거래를 성사시키다

잡스는 작업에 착수했다. 잡스는 애플이 마이크로소프트를 비롯해 다른 네 회사의 소프트웨어를 분석하고 있다는 말을 들었다. 잡스는 애플이 넥스트를 사들여 넥스트가 개발한 소프트웨어를 사용하도록 설득하리라 마음먹었다. 잡스는 자신이 만든 소프트웨어가 다른 어떤 소프트웨어보다 훨씬 뛰어나다고 주장했다. 그리고 만약 애플이 자신의 회사를 인수한다면 그 즉시 넥스트에 근무하는 직원 삼백 명을 덤으로 얻는 혜택도 볼 수 있다고 말했다.

잡스의 가족

잡스는 언제나 자신의 사생활을 철저하게 비밀로 부쳤다. 잡스는 1991년 로렌 파월과 결혼했다. 두 사람은 리드 파월, 에린 시에나 그리고 이브라는 세 자녀를 두었으며, 언론에 아이들이 노출되지 않도록 주의를 기울였다. 잡스에게는 세 자녀 외에도 1978년 고등학교 때 사귄 여자 친구 사이에서 낳은 리사 브레넌-잡스라는 딸이 한 명 더 있다.

당시 애플의 최고 경영자였던 아멜리오는 잡스의 주장을 받아들였다. 1996년 애플은 현금 3억 3750만 달러를 지급하고 잡스에게 애플의 주식 150만 주를 주는 조건으로 넥스트를 인수했다. 이제 넥스트는 애플에 합병되었고, 잡스는 특별 고문의 자격으로 애플에 복귀했다. 그러나 회사가 계속해서 형편없는 실적을 기록하자 1997년 7월 잡스가 아멜리오의 자리를 차지했다. 1997년 9월 16일 종신 최고 경영자로 임명될 때까지 잡스는 애플의 임시 최고 경영자 자격으로 회사를 이끌었다.

잡스는 결국 애플의 수장으로 복귀했지만 애플이 쓰러지지 않게 하기 위해서는 힘든 과정을 겪어야 했다. 마이클 모리츠는 자신이 쓴 책 『스티브 잡스와 애플 Inc.: 세상을 뒤집은 기업 애플의 30년 성공 스토리』에서 이렇게 말한다.

> 1997년 가을 잡스가 이어받은 애플은 회사를 그 자리에 있게 한 창조적 열정을 잃어버렸고 IT 산업계를 호령하던 지위를 상실했다. 현금도 거의 동났고 젊은 엔지니어를 데려올 능력도 없었으며, 팔리지 않은 채 창고에 쌓인 재고 컴퓨터에 깔려 죽을 지경이었다. 게다가 창의적인 제품이라고는 아무것도 준비하고 있지 않았다.

당시 컴퓨터 시장은 마이크로소프트 사의 MS-DOS 운영 체제를 기반으로 하는 PC가 지배하고 있었다. 그때까지 애플이 교육용 컴퓨터 시장에서는 우위를 차지하고 있었지만, 개인용 컴퓨터 시장에서는 사용자 스무 명 당 한 명 정도만 맥을 사용하고 있었을 뿐이었다. 애플은 1996년 한 해에만 10억 달러의 손실을 입었다.

잡스는 최고 경영자 자리에 앉자마자 자신의 인기를 높일 목적

효과적인 마케팅

애플을 컴퓨터 업계를 선도하는 위치로 되돌려 놓기 위해 잡스가 사용한 마케팅 계획 중 하나가 1997년 처음으로 선보인 "다르게 생각하라"라는 캠페인이었다. 이 캠페인은 비틀즈의 리더 존 레넌과 포크록의 전설 밥 딜런, 재즈의 거장 루이 암스트롱 같은 음악가와 독특한 양식의 건축 설계로 전 세계에 영향을 미친 건축가 프랭크 로이드 라이트, 과학자인 앨버트 아인슈타인과 토머스 에디슨, 텔레비전 인형극 「세서미스트리트」를 만든 인형 연극가이자 영화감독 짐 헨슨, 여성으로서 대서양 횡단 비행에 최초로 성공한 비행사이자 모험가 아멜리아 에어하트 등 유명하고 독창적이며 예술적인 사람들을 촬영한 흑백 영상을 차례로 보여 주었다.

마이클 모리츠가 쓴 『스티브 잡스와 애플 Inc. : 세상을 뒤집은 기업 애플의 30년 성공 스토리』에 보면 이런 내용이 나온다. "애플의 새로운 캠페인은 일종의 슬로건이었다. 하지만 일반적으로 첨단 기술을 기반으로 하는 기업을 이끄는 사람과 어울리지 않게 예술적이며 감각적이고, 낭만적이며 직관적이고, 호기심 많으며 과장되기까지 한 스티브 잡스의 일면을 대단히 예리하게 표현한 것이기도 했다." 오늘날까지도 애플은 작가와 영화 제작자, 디자이너 같이 창조적인 작업을 하는 사람들이 선택하는 컴퓨터를 만드는 회사로 명성을 얻고 있다.

이 아닌 회사를 구할 목적의 정책을 펼치기 시작했다. 잡스는 비용을 줄이고, 상당히 많은 직원을 해고했으며, 뉴턴 PDA와 프린터 라인처럼 회사에 도움을 준다거나 좋은 영향을 미친다고 생각되지 않는 제품 라인을 과감하게 정리했다. 잡스는 또한 다른 제조업체가 매킨토시 운영 체제를 사용하지 못하게 막았고 애플 제품을 판매할 수 있는 매장의 수를 제한했다.

애플 스토어

애플의 새로운 시대를 여는 또 다른 혁신은 2001년 처음으로 개장한 애플의 직영 소매점 애플 스토어였다. 애플 스토어는 애플이 컴퓨터 시장 점유율을 높여 예전의 지위를 회복하고 애플 제품을 공식적으로 유통하는 소매점에게서 마케팅 권한을 되찾아올 목적으로 구상된 방법이었다. 애플의 2005년도 기업 보고서는 애플 스토어를 탄생시킨 결정 뒤에 숨겨진 이유를 몇 가지 공개했다.

이러한 판매 전략을 세운 목적 중 하나는 새로운 소비자를 확보하고 현재 매킨토시 컴퓨터를 보유하지 않은 컴퓨터 사용자와 처음으로 자신의 컴퓨터를 장만하려는 사람들에

애플의 매장은 깔끔하게 정돈된 곳으로 유명하다.

게 제품을 판매함으로써 좀처럼 움직이지 않는 자사의 시장 점유율을 확대하고자 하는 데 있다. 사람들이 많이 오가고 사람들의 시선을 잡아끌 수 있는 장소에 회사가 직접 운영하는 매장을 열 경우 회사는 소비자들이 어떤 제품을 얼마나 구매하는지에 대한 자료를 신속히 수집해 이전보다 효율적으로 소비자를 관리하고 더 나아가 새로운 소비자를 끌어들일 수 있다. 매장은 지극히 단순화시켜 개인용 컴퓨터 제품을 좀 더 보기 쉽게 전시하고 판매하도록 설계

되었다. 매장에서는 디지털 사진이나 디지털 영상, 음악, 어린이용 소프트웨어 그리고 가정용 및 중소기업용 컴퓨터 제품 분야에서 사용자에게 회사가 어떤 해결책을 제시할 수 있는지를 보여 주는 세미나가 열린다.

애플 스토어는 처음에는 무척 어려운 과제였다. 2000년 애플의 소매 부문 부사장으로 영입된 론 존슨은 직영 매장 운영이라는 새로운 아이디어에 대해 잡스와 나눈 대화를 기억한다. 존슨은 애플이 휴대용 전자 기기 두 가지와 데스크톱 컴퓨터 두 가지, 합해서 단 네 가지 제품만을 생산한다는 점을 고려할 때 학교 교실 8개 정도에 해당하는 넓이인 557제곱미터에 달하는 매장을 채우기가 무척 어려운 일임을 알고 있었다. 존슨은 이렇게 말했다.

애플 스토어는 커다란 도전이었습니다. 하지만 결과적으로 최고의 기회를 만들어 냈습니다. 우리한테는 그렇게 큰 매장을 채울 제품이 없으니 소비자에게 제품을 자기 것처럼 사용할 수 있는 체험 기회로 매장을 채우자고 말했고 실제로 그렇게 되었으니까요.

2001년 버지니아 주와 캘리포니아 주 두 곳에 처음으로 애플 스

토어가 문을 열었다. 애플 스토어는 큰 성공을 거두었고, 2007년이 되자 애플 스토어가 거둔 단위 면적 당 매출액이 미국의 전자제품 전문 유통업체 베스트 바이와 세계적인 보석 브랜드 티파니앤코의 단위 면적 당 매출액을 훨씬 앞질렀다. 5년 후 애플은 뉴욕 시 한가운데에 애플 스토어 본점을 개장했다. 뉴욕의 애플 스토어 본점 밖 광장 위에는 애플 로고가 새겨진 유리로 만든 거대한 정육면체 모양의 건축물이 서 있고, 사람들은 이 대형 유리 건축물을 통해 매장으로 들어간다.

아이맥

1998년 8월 15일 애플은 새로운 컴퓨터인 아이맥을 출시했다. 아이맥은 기존의 컴퓨터와 달리 베이지색 네모반듯한 본체 대신 뒷

부분을 둥글게 굴리고 여러 가지 다양한 색으로 칠한 플라스틱 본체를 채택했다. 아이맥은 프린터 같은 주변기기를 쉽게 연결할 수 있게 도와주는 범용 직렬 버스USB를 도입한 최초의 매킨토시 컴퓨터였다. 이제 사용자들은 이미 USB 포트를 도입한 수많은 개인용 컴퓨터에서 사용하던 주변기기를 맥 컴퓨터에서도 사용할 수 있게 되었다. 아이맥은 사용자가 온라인에 접속하기 위해 필요한 장치를 전부 갖췄으며 모든 부품을 본체 안에 넣고 조립해 부품이 겉으로 보이지 않게 했다. 모니터와 본체를 분리한 다른 일반적인 컴퓨터와 달리 아이맥은 모니터조차 본체와 연결시켰다. 컴퓨터를 잘 모르는 보통 사용자들도 포장된 상자를 열고 컴퓨터 전원을 연결하기만 하면 바로 인터넷을 사용할 수 있었다.

아이맥은 그동안 애플이 목말라했던 경이적인 성공을 거두었다. 엄청난 마케팅 공세에 어느 정도 힘입은 바가 없지 않지만, 그래도 사전 예약 주문량이 15만 대에 달했다. 아이맥은 개인용 컴퓨터 역사상 가장 빠르게 판매된 컴퓨터로 기록되었다. 1년 만에 200만 대가 넘는 아이맥이 팔려 나갔다. 아이맥의 뒤를 이어 1999년 아이북이 출시되었다. 아이북은 '에어포트'라고 불린 무선 네트워크 기능을 장착하고 있었고 아이맥과 마찬가지로 큰 성공을 거두었다.

아이맥은 색상도 산뜻했고 사용하기도 편리했다.

2000년에는 CD에 녹음된 음악을 듣는 사람들이 대부분이었지만 카세트테이프는 물론 심지어 레코드판으로 음악을 듣는 사람들도 여전히 존재했다. 일반적으로 사람들이 들고 다니면서 음악을 들을 수 있게 만든 전자 기기로는 워크맨이라고 불렀던 휴대용 카세

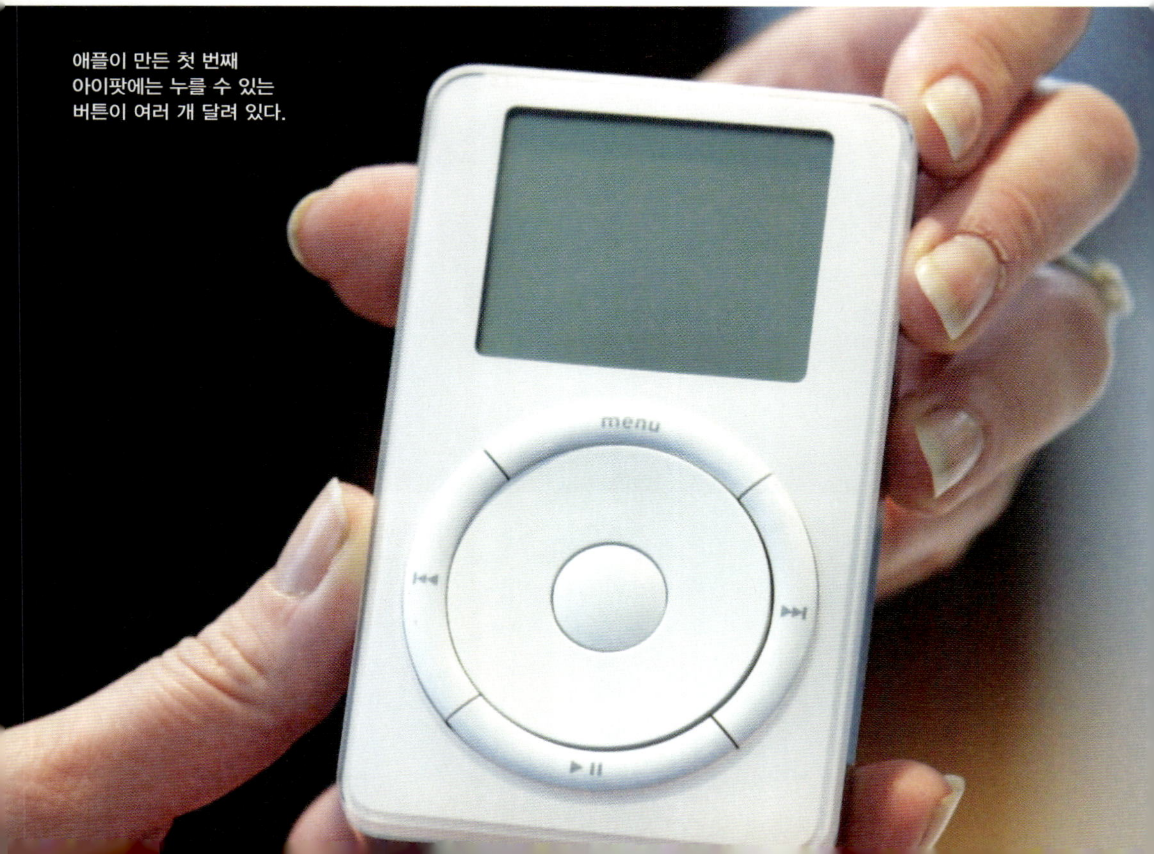

애플이 만든 첫 번째
아이팟에는 누를 수 있는
버튼이 여러 개 달려 있다.

트테이프 플레이어와 디스크맨 CD 플레이어 그리고 휴대용 소형라디오가 있었다. MP3라고 부르는 음악을 인코딩하는 방식이 음악이나 다른 소리들을 디지털 방식으로 저장할 때 사용되기는 했지만 그 당시 존재했던 몇 안 되는 MP3 플레이어는 덩치가 크고 무거운 데다 사용하기도 어려웠다. 이 무렵 잡스는 애플의 제품 시장을 확대할 수 있는 새로운 제품군을 찾고 있었다.

"얼마 전까지 우리는 카세트테이프를 재생하는 워크맨으로 음악을 들었고, 그 다음으로는 휴대용 CD 플레이어를 사용했습니다. 그때만 해도 무거운 워크맨을 들고 다니다 테이프가 워크맨에 엉키면 일일이 테이프를 풀어 주거나 부모님 차 뒷좌석에 앉아 덜컹거리는 길을 지나고 나면 CD를 처음부터 다시 틀어야 하는 일이 다반사였지요. 애플 아이팟 탄생 10주년을 축하하는 지금 아이팟이 등장하기 전까지 우리가 어떻게 살았는지 상상이 안 가네요."

《PC 매거진》 기자 제니퍼 버겐

아이팟

해답은 아이팟이었다. 잡스는 애플이 만든 뉴턴 PDA에 한 번도 관심을 보인 적이 없었지만, 어쩌면 비슷한 종류의 개인용 전자제품을 음악을 듣는 데 사용할 수 있지 않을까 생각했다. 음악을 좋아하

MP3 파일

MP3란 정확하게 어떤 뜻이고, MP3 파일은 무엇을 가리키는 말일까? MP3란 영상과 소리를 디지털 파일로 변환하는 표준 규격을 제정하는 유럽의 엔지니어 모임 즉, 동화상 전문가 그룹MPEG에 의해 탄생되었다. MPEG의 엔지니어들은 음질은 떨어뜨리지 않은 채 크기는 훨씬 줄인 디지털 음악 파일로 변환하는 MP3* 규격을 개발했다.

엔지니어들은 사람들이 일반적으로 들을 수 있는 주파수 범위가청 주파수를 벗어나기 때문에 듣는 사람이 아무리 애를 써도 들을 수 없는 초고음역대와 초저음역대를 디지털 파일에서 제거했다. 특정 음역대가 제거된 디지털 파일은 좀 더 작은 파일로 압축될 수 있었다.

MP3 파일은 인터넷을 통해 이리저리 옮겨 다닐 수도, 아무 컴퓨터에서나 재생할 수도 있었다. 레코드판이나 카세트테이프처럼 과거에 등장한 음악 기술 분야의 혁신과 달리 MP3 기술은 음반 산업계 자체의 노력이 아닌 인터넷을 통해 음악을 듣는 사람들의 노력으로 인해 널리 퍼져 나갔다.

는 사람들은 벌써 CD에서 음악을 추출해 컴퓨터로 옮긴 다음, 새로운 오디오 시스템의 형태로 인정받기 시작한 컴퓨터에서 재생할 수 있도록 음악을 MP3 디지털 파일로 변환하는 방법을 알고 있었다. CD에 녹음된 음악을 추출해 MP3 파일 형태로 변환하려면 특별한 소프트웨어 프로그램이 필요했지만 몇몇 회사에서 이미 MP3 변환

MP3 MPEG Audio Layer 3의 줄임말

소프트웨어를 개발한 상태였다. 가장 좋은 프로그램은 사운드잼 MP라는 캐시디앤그린 사가 개발한 프로그램이었다. 업계 동향을 살피던 몇몇 애플 직원들도 사운드잼의 존재를 파악하고 있었다. 애플용으로 만든 컴퓨터 게임을 통해 애플과 캐시디앤그린 사 사이에는 이미 연결 고리가 어느 정도 있었다. 과거 캐시디앤그린 사가 좀 더 향상된 디지털 음악 관련 소프트웨어를 설계하고 개발하는 데 애플의 개발 부문 엔지니어가 도움을 준 적도 있었다. 마침내 애플은 사운드잼에 대한 소프트웨어 사용 권한을 사겠다고 제안했다.

첩보 활동과도 같았던 아이팟 개발

잡스는 애플이 신제품을 공개할 때까지 아이팟 개발에 대해 말을 아끼며 철저히 입을 다물었다.

그 결과 테스트 과정을 거치는 동안 프로토타입 형태의 아이팟을 신발 상자만 한 크기의 상자에 넣어 사람들 눈에 띄지 않게 하는 작업이 흔하게 벌어졌다. 기기를 제어하기 위한 선은 상자 밖 여기저기에 아무렇게나 붙어 있었고 화면은 상자 윗부분에, 화면을 스크롤할 수 있는 바퀴 모양의 휠은 반대편에 붙어 있는 식이었다.

이런 식으로 아이팟의 실체를 철저하게 감추는 바람에 아이팟이 공식석상에 본모습을 드러낼 때까지 어떤 경쟁사도 완성된 제품이 어떻게 생겼을지 정확하게 예측하지 못했다.

애플이 사운드잼에 대한 사용권을 획득했던 바로 그때, 노스이스턴대학교에 재학 중이던 숀 패닝이 인터넷에서 무료로 음악을

081

다운로드 하는 새로운 방법을 개발했다. 패닝은 디지털 음악 파일을 압축하기 위해 MP3 기술을 활용하는 방법을 완성시켰고, 그 결과 인터넷에서 음악을 다운로드 하기가 이전보다 훨씬 빠르고 편리해졌다. 마침내 패닝은 음악 파일을 저장하고 교환할 수 있는 웹 사이트를 만들었고, 곧이어 음악 수백만 곡을 무료로 다운로드 할 수 있게 되었다. 이 사이트는 패닝의 별명을 따 '냅스터'라고 불렸다. 그러나 냅스터는 몇 가지 중대한 법률적 문제에 부딪쳤다. 이전까지 음반 회사와 음악가들에게 돈을 주고 음악을 사던 소비자들이 무료로 음악을 다운로드 할 수 있는 웹 사이트로 돌아섰기 때문이었다. 애플과 애플이 만든 아이팟은 냅스터 같은 웹 사이트를 대신할 합법적인 대안을 소비자들에게 제시해야만 했다.

2001년 1월 잡스가 애플의 신제품을 소개하기 위해 맥월드 박람회*에 참석했다. 이 신제품에는 용량이 큰 디지털 음악 파일을 작게 압축하는 MP3 기술과 개인이 소장한 음악을 도서관에 있는 책처럼 정리해서 관리할 수 있는 기능이 성공적으로 결합되어 있었다. 게다가 맥 사용자들은 이 제품을 무료로 다운로드 해서 사용할 수 있었다. 이 제품의 이름은 아이튠즈였다. 잡스가 청중들에게 말했다. "애플은 또 한 번 자신이 가장 잘 할 수 있는 일을 해냈

맥월드 박람회 해마다 1월에 열리는 애플 제품에 초점을 맞춘 전시회

습니다. 복잡한 애플리케이션을 사용하기 쉽게 만들었고, 그 과정 속에서 애플리케이션을 훨씬 더 강력하게 만들었습니다. 아이튠즈는 다른 어떤 음악 관리 프로그램보다 앞서 있습니다. 우리는 혁명적이라고 할 수 있을 만큼 훨씬 간편해진 아이튠즈의 사용자 인터페이스를 통해 더 많은 사람들이 디지털 음악 혁명에 동참할 수 있기를 바랍니다."

"음악은 우리 내부에 깊숙이 자리 잡고 있습니다. 하지만 음악은 실제로 듣지 않으면 하루가 됐든 일주일이 됐든 한 달이 됐든 일 년이 됐든 쉽게 사라져 버리고 맙니다. 아이팟은 그런 면에서 수많은 사람들을 바꿔 놓았습니다. 저는 그 점이 무척 기쁩니다. 왜냐하면 저는 음악이 영혼에 좋은 영향을 미친다고 생각하기 때문입니다."

스티브 잡스

아이튠즈 소프트웨어를 내놓으면서 애플이 시장에 출시된 기존의 여러 MP3 플레이어보다 훨씬 더 나은 제품을 개발해야겠다고 생각한 것은 당연한 일이었다. 애플에서 근무하던 토니 파델은 이미 MP3 플레이어를 어떻게 설계할지 구상하고 있었다. 잡스에게서 개발 요청을 받은 파델은 조금씩 첫 번째 아이팟을 설계했다. 아이팟은 대략 사람 손바닥만 한 크기에 정보를 보여 주기 위한 화면을 달고, 누르는 버튼 대신 기기를 제어하기 위해 스크롤 휠을 장착했으며 수천 곡의 음악을 넉넉히 저장할 만큼 커다란 메모리를 탑재했다. 아이팟에 대해 잡스가 지시했던 사항 중 하나는 특정 곡으로 이동하기 위해 제어 버튼을 세 번 이상 누르면 안 된다는 점이었다.

2001년 10월 23일 아이팟을 처음으로 사람들 앞에 선보이면서 잡스는 이렇게 말했다. "애플은 여러분이 그동안 여기저기서 끌어 모은 음악 파일을 몽땅 호주머니 속에 집어넣고 어디서든 들을 수 있게 해 주는 전혀 새로운 범주의 디지털 음악 플레이어를 개발했습니다." 재설계한 2세대 아이팟이 나오기 전까지 매킨토시 호환 기종이 아닌 다른 컴퓨터에서 사용할 수 없기는 했지만, 사용자는 별다른 어려움 없이 맥 컴퓨터에서 구동하는 아이튠즈 소프트웨어를 통해 손쉽게 음악을 다운로드 하고 아이팟으로 음악을 들을 수 있었다. 잡스는 이렇게 말을 끝맺었다. "아이팟을 사용하다 보면 음악을 듣는 일이 다시는 예전처럼 느껴지지 않을 것입니다."

처음 출시됐을 때만 해도 아이팟은 399달러라는 만만치 않은 가격 때문에 큰 성공을 거두지 못했지만, 2002년이 되자 그해 마지막 분기 동안에만 20만 대가 넘게 팔렸다. 곧이어 아이팟의 판매 실적이 애플의 컴퓨터 판매 실적을 넘어섰고, 머지않아 아이팟과 아이튠즈 스토어가 애플이 거두는 이익의 절반을 차지할 것이라는 예측이 등장했다. 애플은 메모리 용량과 크기, 모양, 색상을 다르게 한 새로운 아이팟 시리즈를 잇달아 출시했다.

아이튠즈는 서비스를 시작하자마자 애플 사용자에게 인기를 끌었다.

아이튠즈 스토어

아이팟 성공의 세 번째 요인은 사용자들이 MP3 형태로 만들어진 음악을 살 수 있는 애플 아이튠즈 뮤직 스토어의 탄생에 있다. 아이튠즈 뮤직 스토어는 패닝이 만든 냅스터 사이트와 비슷한 발상에서 시작됐지만, 사용자는 냅스터에서 제공했던 방식처럼 무료로 음악을 다운로드 하는 것이 아니라 실제로 돈을 내고 음악을 사야 했다. 냅스터와 같은 인터넷 사이트에서 불법적으로 음악을 공유하는 일로 음반 업계가 큰 피해를 입었던 탓에 무료로 음악을 다운로드 하는 사이트는 결국 문을 닫게 되었다.

아이튠즈 기술을 통해 합법적으로 음악을 다운로드 할 수 있도록 하기 위해 잡스는 소니 뮤직, 워너 뮤직, EMI, 유니버설 뮤직, BMG 등 대형 음반 회사 다섯 군데를 방문해 아이튠즈가 그들이 제작하는 음반을 인터넷을 통해 배포할 수 있게끔 합의를 이끌어내야 했다. 이 다섯 군데 대형 음반 회사가 전 세계 음악 시장의 대부분을 장악하고 있었으므로 합의가 이루어진다면 아이팟 사용자는 듣고자 하는 음악 대부분을 한 곡 당 보통 99센트, 앨범 당 9달러 99센트라는 저렴한 가격에 합법적으로 음악을 다운로드 할 수 있게 될 예정이었다. 음반 회사는 애플에게서 수수료를 받는 조건이었다.

결국 다섯 군데 대형 음반 회사가 모두 애플과 합의를 했다. 하지만 그 전에 애플이 음악을 불법적으로 공유하지 못하도록 하는 기술을 적용하겠다고 동의한 후에야 합의가 이루어졌다. 예를 들어 어떤 사용자가 다른 사람의 컴퓨터에 저장된 음악을 자신의 아이팟으로 다운로드 하려는 경우 새로운 음악을 아이팟에 넣으면

기존에 저장된 음악 전체가 아이팟에서 삭제된다는 메시지가 화면에 나타나는 식이었다. 이것은 불법적으로 음악을 공유하는 일을 간단하게 막을 수 있는 방법이었다.

아이튠즈 스토어는 2003년 4월 28일 처음으로 등장했다. 아이튠즈 스토어가 폭발적인 인기를 끌면서 음악을 사랑하는 사람들이 음악을 배포하는 새로운 시스템으로 아이튠즈를 빠르게 받아들이고 있음이 입증되었다.

회사의 이름을 변경하다

2006년이 됐을 무렵 애플은 컴퓨터 제품군보다 음악과 관련된 제품군에서 더 많은 돈을 벌어들이고 있었다. 석 달 동안 애플은 아이팟과 아이팟용 액세서리로 30억 달러가 넘게 벌어들였는데, 같은 기간 컴퓨터 제품군으로는 고작 20억 달러를 벌어들였을 뿐이었다. 수익 구조가 이렇게 변하자 2007년 초 잡스는 회사의 이름을 바꿀 시기가 됐다고 판단했다. 그때부터 회사의 이름이 애플 컴퓨터에서 애플Apple Inc.로 변경되었다. 이러한 변화는 회사의 주력 제품군뿐만 아니라 앞으로 회사가 나아갈 방향 역시 변했음을 반영한 결과였다.

2004년 잡스가 아이팟미니를 비롯해 앞으로 아이팟이 개선될 방향에 대해 이야기하고 있다.

2007년 처음 출시된 이래 ····▶
아이폰은 수많은 사람들에
게 없어서는 안 될 존재가
되었다.

여러분의 손 안에

이제 애플은 애플 컴퓨터에서 이름을 바꾼 뒤 아이팟이라는 거대한 성공을 통해 자신이 노트북 컴퓨터 시장을 능가하는 틈새시장을 발굴했음을 세상에 알렸다. 이로써 애플이 차기작으로 어떤 제품을 내놓을지 더욱 확실해졌다. 그것은 바로 아이폰이었다.

아이디어에서 시작하다

애플과 잡스가 내놓은 다른 많은 아이디어와 마찬가지로 아이폰도 관찰을 통해 탄생되었다. 2007년 컴퓨터를 생산하는 기업들은 이른바 태블릿 PC라고 부르는 컴퓨터를 개발하는 데 많은 돈을 쏟아붓고 있었다. 이 기기는 그 어떤 컴퓨터보다도 더 작고 더 가벼우며 매우 얇아 들고 다니기 편할 뿐만 아니라, 마우스와 키보드가 아닌 터치스크린으로 기기를 조작할 수 있어야 했다. 같은 시기 휴대전화 시장은 엄청난 속도로 성장하는 중이었다. 잡스는 이미 애플 사의 엔지니어들에게 작은 태블릿 컴퓨터에 탑재할 수 있는, 현재보다 성능이 좋은 터치스크린을 찾아내라고 지시를 내린 상태였다. 잡스는 어쩌면 가장 뛰어난 신기술이 터치스크린을 장착한 태블릿 컴퓨터와 휴대전화를 결합시켜 줄지도 모른다는 생각을 했다. 그 결과로 탄생한 제품이 바로 아이폰이었다.

예전에도 그랬듯이 아이폰 개발 역시 뭔가가 제대로 작동하지

않으면 반드시 고치도록 노력해야 한다는 잡스의 생각에서 시작되었다. 레브 그로스먼이 《타임》지에서 한 말을 살펴보자.

2007년 휴대전화가 잡스의 흥미를 끌었다. 전화를 걸거나 받고, 문자를 주고받고, 인터넷을 검색하고, 연락처를 관리하고, 음악을 듣는 등 휴대전화 하나로 온갖 잡다한 일을 할 수 있었는데도 사용자들은 작은 버튼을 수십 번씩 눌러대고, 눈을 가늘게 뜬 채 자그마한 화면을 노려보느라 막상 그 기능을 제대로 사용하지 못하고 있었기 때문이었다. 잡스는 이렇게 말했다. "사람들은 모두 자신이 사용하는 휴대전화를 싫어합니다. 그리고 그건 결코 좋은 현상이 아니지요. 기회는 바로 거기에 있었습니다." 완벽주의자인 잡스의 눈이 휴대전화를 낱낱이 분해했다. 잡스는 분해되어 있는 것들을 좋아했다. 분해되어 있다는 말은 그가 지금 존재하지 않는 뭔가를 만들어 아주 높은 가격에 소비자에게 팔 수 있다는 뜻이었다.

기본적으로 아이폰은 아이팟의 기능에 사용자들이 인터넷을 서핑하고, 이메일을 사용하고, 게임이나 소셜 네트워킹SNS, 위성 위치 확인 시스템GPS 같은 여러 가지 다양한 애플리케이션을 실행할 수

아이폰을 사기 위해 며칠 동안 소비자들이 애플 스토어 밖에서 줄을 선 채 기다리고 있다.

있게 해 주는 실제 컴퓨터 운영 체제와 터치스크린, 밝고 보기 편한 화면 등을 결합시켜 만든 제품이다. 언제나처럼 잡스는 2007년 1월 9일 맥월드 박람회를 통해 아이폰의 출시를 알렸다. "오늘 애플은 휴대전화의 또 다른 모습을 보여 주고자 합니다."

아이폰은 499달러라는 높은 가격에도 불구하고 출시 즉시 성공을 거두었고, 그동안 아이폰을 기다리던 소비자들은 아이폰을 사기 위해 애플 스토어 밖에 길게 줄을 늘어섰다. 애플은 특별히 매장 영업 시간을 늘리기로 했다고 발표하는 동시에 한 사람 당 아이폰을 두 대만 구매할 수 있도록 제한했다. 아이폰은 그 소유자가 다른 사람들보다 먼저 새로운 기술을 받아들이는 얼리어답터임을 알리는 새로운 상징이 되었다. 초창기 아이폰이 제공하는 서비스에 문제가 많았는데도 사람들은 아이폰 사용을 그만두지 않았다.

가지고 다닐 수 있는 컴퓨터

하지만 애플과 잡스가 보여 주었던 전형적인 방식에 맞춰 또다시 깜짝 놀랄 만한 다음 제품이 준비되고 있었다. 아이폰은 크기가 작고 가지고 다니기 편한, 거의 모든 장소에서 사용할 수 있는 태블릿 컴퓨터 시장을 위해 개발된 제품이 아니었다. 잡스와 애플은 아이폰보다 큰, 특히 잡지나 책을 읽고 게임을 하고 멀티미디어와 음악을 즐길 수 있는 기기에 대한 수요가 존재한다는 사실을 잘 알고 있었다. 2010년 1월 27일, 토머스 에디슨의 전기 백열전구에 관한 특허 등록을 축하하는 130번째 기념일에 샌프란시스코에서 열린 기자 회견에서 잡스가 아이패드를 소개했다. 잡스는 훗날 아이패드에 대해 이렇게 말했다. "경험이 사람을 얼마나 빠져들게 하는지, 그것이 사람을 얼마나 곧바로 사로잡을 수 있는지 확인하는 순간, 그 순간을 표현할 수 있는 단어는 오로지 '마법'뿐입니다."

아이패드는 아이폰과 비슷한, 스타일러스 펜이나 키보드 대신 터치스크린으로 조작하는 태블릿 컴퓨터였다. 아이패드는 자체적으로 개발한 터치스크린 키보드를 내장하고 있었으며 이동성을 극대화할 수 있도록 인터넷 연결 방식인 와이파이를 채택했다. 여러 가지 면에서 아이폰과 비슷했지만 크기는 아이폰보다 훨씬 컸다. 아이패드는 아이폰에서 동작하는 애플리케이션을 똑같이 실행시

제품 설명회

잡스가 나와 애플의 차기작을 소개하는 자리는 어떤 마케팅 전략도 따라올 수 없는 하나의 작품이었으며, 그 자체만으로도 언론의 주목을 받는 행사였다. 잡스가 기자 회견을 통해 제품을 소개하는 자리는 많은 사람들이 흥미로워할 수 있도록 긴장과 충격이 교묘하게 결합되었다.

잡스가 소개한다면 무엇이 됐든 그날은 모든 언론사들이 애플의 신제품에 대한 소식으로 가득 채웠기 때문에 애플이 기자 회견을 하겠다고 밝힌 날이나 잡스가 회의석상에서 구체적으로 언급한 날에는 어느 누구도 중대 발표를 하지 않으려 했다. 애플이 주관하는 기자 회견이나 제품을 소개하는 자리에 오고자 하는 사람들이 너무 많아서 행사장 입장을 제한하는 일이 자주 벌어졌다. 팬들은 동영상으로 애플의 제품 소개 현장을 보려고 애플 스토어 밖에 늘어섰다. 애플의 제품 소개 현장에서 벌어지는 소식을 실시간으로 전하는 인터넷 블로그는 종종 텔레비전의 황금 시청 시간대보다 훨씬 많은 사람들을 끌어모았다.

모리츠의 말대로 "애플의 제품 소개 현장은 경쟁자가 내뿜는 모든 빛을 확실하게 퇴색시켰다. 쿠퍼티노에 있는 마케팅 기계가 침묵을 깨뜨리는 그날 어떤 말이든 경제 상황에 대해 이야기해야 하는 불쌍한 정치인은 고뇌에 찬 한숨을 내뱉었다."

킬 수 있었다. 잡스는 실제로 애플이 아이폰보다 아이패드를 먼저 개발하기 시작했지만 아이폰 시장을 침범하지 않으려고 일시적으로 아이패드 출시 일정을 미뤘음을 인정했다.

아이패드는 1993년 개발된 애플의 뉴턴 메시지패드의 직계 후손이었다. 뉴턴 메시지패드는 제품을 설계할 동안 수없이 많은 기술을 개발하고, 그에 대한 특허를 출원하도록 이끈 공로를 인정받아 애플의 독창적인 제품을 보여 주는 전시장에 진열되었다.

아이패드는 2010년 3월 판매를 시작했고 출시 후 처음 2개월 동안에만 200만 대가 팔려 나갔다. 아이폰이 처음 출시됐을 때 판매되던 속도보다 2배에 가까운 속도였다. 영국의 배우이자 저술가인 스티븐 프라이는 처음 출시되었을 때 아이패드를 사용해 본 뒤 이렇게 말했다.

애플이 누구보다 잘 알고 있는 점은 어떤 사람에게 매일

인문학과 기술

2010년 1월 아이패드를 처음으로 선보였을 때 잡스는 연단 위 두 가지 도로 표지판을 나타내는 동영상 화면 앞에 섰다. 한 화면은 '인문학'이라는 단어를 보여 주었고 다른 하나는 '기술'이라는 단어를 보여 주었다. 화면 앞에 선 잡스는 이렇게 말했다. "이곳이 제가 애플을 바라볼 때마다 서 있는 장소입니다. 바로 인문학과 기술이 교차하는 지점이지요."

아이패드 소개 행사는 애플이 설립된 이래 여러 차례 잡스가
기획하고 무대에 올린 주요 언론 홍보용 행사 중 하나였다.

같이 몇 시간 동안을 호주머니에 넣고 다니거나 손에 들고 다니는 물건이 있다면 그 물건과 사람 사이에는 대단히 깊고 인간적이며 감정을 자극하는 관계가 성립된다는 사실이다. 애플은 조작하고 만지고 손가락으로 밀고 잡아당기고 비틀고 두드리기 위해 여러분이 물건을 향해 손을 뻗는 순간 미소를 짓게 될 것이라고 속삭이는 소비재를 발판 삼아 성공을 쌓아 올렸다.

애플 TV

그러나 애플은 아이폰과 아이패드로 거둔 성공에 머무르지 않았다. 2007년 애플은 아이패드보다 먼저 디지털 신호 수신기인 애플 TV를 출시했다. 케이블과 위성 TV 서비스의 대안으로 고안된 이 서비스를 애플의 웹 사이트는 이렇게 설명하고 있다.

풍성한 볼거리. 이 작디작은 상자가 여러분께 보여 드립니다. 애플 TV와 함께라면 영화든 텔레비전 프로그램이든 사진 슬라이드 쇼든 아니면 그밖에 당신이 보고 싶어 하는 어떤 것이든 선을 연결하는 번거로움 없이 커다란 화면으로 볼 수 있습니다. 저장 공간 때문에 고민하실 필요도 없습니다. 인터넷을 통해 아이튠즈 라이브러리와 동기화를 하지 않으셔도 됩니다. 아이튠즈와 넷플릭스*에서 공급하는 모든 HD급 영화와 텔레비전 프로그램 그리고 여러분의 컴퓨터에 저장된 음악과 사진을 여러분의 가정에 설치된 HDTV에서 보고 들으실 수 있습니다. 여러분은 그저 클릭하고 보기만 하세요.

「스타 트랙」 팬을 감동시키다

어떤 사람들은 텔레비전 드라마 시리즈 「스타 트랙」에 등장한 개인 정보 접속기기PADD에 대해 경의를 표시하기 위해 아이패드의 이름을 따라 지었다고 여겼다. 드라마 속에 등장하는 PADD의 기능과 실제 아이패드에서 실행하는 기능은 상당 부분 비슷했다. 이제 스타 트랙 팬들은 「스타 트랙: 더 넥스트 제너레이션」에서 사용된 PADD와 비슷하게 만들어진 아이패드에서 앱을 다운로드 할 수 있게 되었다.

처음에는 수신기를 아이티비라고 부를 예정이었지만, 한 영국 회사가 아이티비라는 이름에 대한 상표권을 보유하고 있었으므로 애플은 수신기의 이름을 애플 TV라고 바꿨다.

애플 TV가 처음 나왔을 때만 하더라도 사람들이 애플 TV를 사용하려면 아이튠즈

넷플릭스 미국의 대표적인 온라인 비디오 스트리밍 서비스 업체

가 실행되는 컴퓨터가 필요했다. 애플 TV는 기본적으로 컴퓨터와 아이튠즈용 액세서리라는 개념으로 만들어졌다. 그러다가 2008년 주요 기능에 대한 업그레이드가 무료로 이루어지면서 애플 TV가 독립적으로 작동하는 일이 가능해졌다. 잡스는 이렇게 말했다. "애플 TV는 아이튠즈와 컴퓨터에서 사용할 액세서리로 설계되었습니다. 하지만 그것은 사람들이 원

하는 바가 아니었습니다. 우리는 사람들이 원하는 것이 영화고, 영화고, 영화임을 배웠습니다."

2011년이 되자 애플은 IT 업계에서 누구나 부러워하는 지위를 누리게 되었다. 애플은 많은 소비자가 이것 없이 사는 삶은 도저히 상상할 수 없다고 말하는 제품을 개발하여 성공적으로 시장에 내놓았을 뿐만 아니라 혁신이라고 하면 다른 어떤 IT 업체보다 먼저 애플을 떠올리는 분위기를 조성했다. 그러나 잡스의 건강이 급속

도로 나빠지고 있다는 소문이 서서히 번져 나가자 애플이 과연 잡스와 잡스가 고안한 혁신적인 아이디어 없이 계속해서 성공을 거둘 수 있을지 의문을 제기하는 사람들이 하나둘씩 생겨났다.

110 / 70

Steve's blood pressure

잡스가 2008년 열린 한 기자회견장에서 자신의 건강에 대해 말하고 있다.
2010년 말이 되자 잡스의 건강이 눈에 띄게 나빠졌다.

미래를 생각하다

애플은 아이팟으로는 휴대용 음악 플레이어 시장을, 아이패드와 아이폰 및 두 기기에서 동작하는 앱으로는 휴대용 컴퓨터 시장을 지배하는 모두가 인정하는 IT 업계의 대표적인 존재가 되었다. 애플은 끊임없이 혁신적인 아이디어를 발굴하고 새롭게 열린 기술의 시대를 탐구하는 것은 물론 자신이 거둔 성공 위에서 거침없이 내달릴 것처럼 보였다. 그러나 2011년 1월 잡스가 치료를 위해 무기

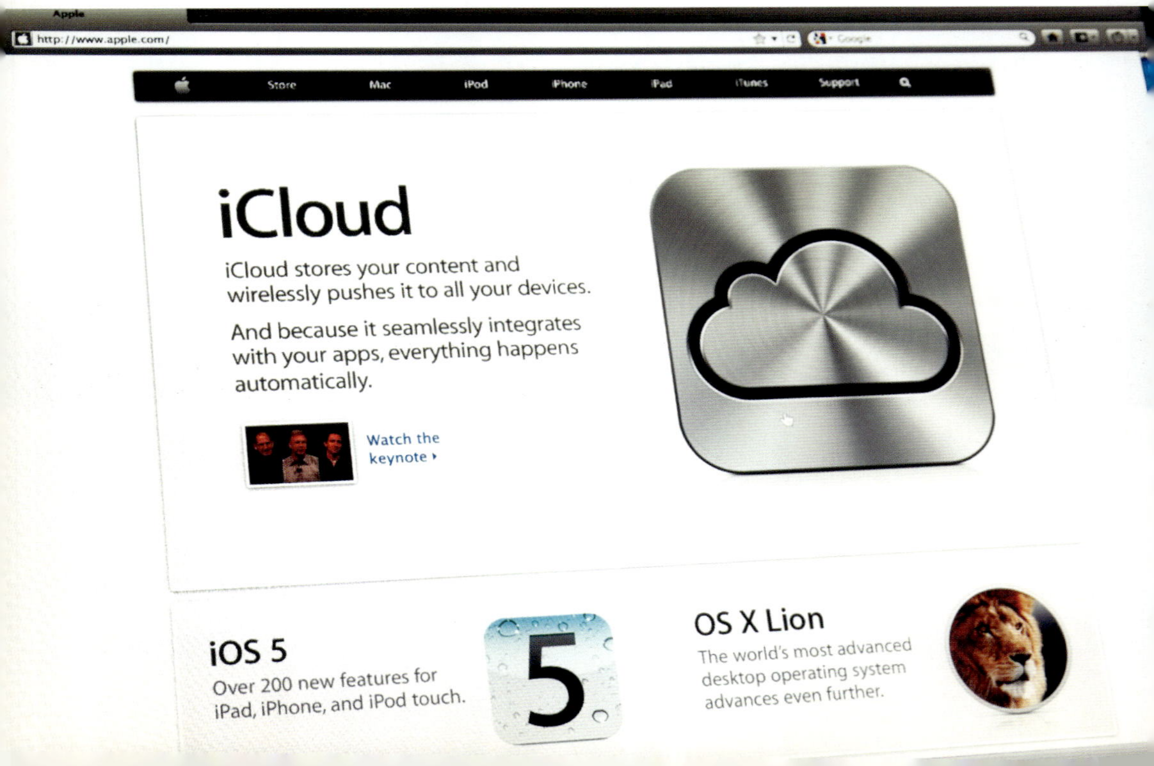

한 애플을 떠나기로 했다고 발표했다. 잡스는 2004년에 이미 췌장암 진단을 받은 적이 있었다. 하지만 대체 요법에 의존하다 뒤늦게 수술을 받았고, 2009년 또다시 간 이식 수술을 받았다. 전문가들은 간 이식 수술이 잘못되어 감염이 되었거나, 거부 반응이 생겨 치료를 받아야 했거나, 또 다른 치료 과정을 거치기 위해 시간을 번 것이 아닐까 추측했다. 투자자들은 혼란에 빠졌지만 애플은 최고 운영책임자 COO인 팀 쿡의 지휘 아래 순항을 계속했다. 잡스는 회사에서 이뤄지는 모든 중요한 결정에 자신이 계속해서 관여할 것이라고 밝혔다.

"애플은 상자 안에 든 무언가를 팔고자 하는 회사가 이제까지 모았던 그 어떤 수보다 많은 사람들을 끌어모았습니다. 이제 신문, 잡지, 책, 영화, 음반, 보드 게임 그리고 비디오 게임과 같이 종이와 판지, 플라스틱으로 된 물건을 만들어 내는 공장과 물건을 유통시키는 물류 센터, 물건을 실어 나르는 트럭들과 물건을 파는 소매점이 아이프로덕츠라는 이름 아래 모두 모였습니다. 사람들은 눈 깜빡할 사이에 물건을 살펴본 뒤 쉽게 살 수 있습니다. 눈앞에 무엇이 펼쳐질지 상상해 보십시오."

마이클 모리츠

그동안 애플은 매출 면에서 마이크로소프트 사를 추월했으며 전 세계에서 가장 가치 있는 소비자 브랜드로 평가 받았다. 애플은 캘리포니아 주 잡스 가족이 사용하던 차고에서 시작해 눈부시게 성장했다.

◄···· 2011년 6월 베일을 벗은 아이클라우드는 사용자에게 다양한 경로를 통해 데이터에 접근할 수 있는 가능성을 제공했다.

신제품

2011년 애플은 기존에 판매하던 제품을 지속적으로 조금씩 개선해 나갔고, 그 결과 아이패드2와 아이폰4S를 탄생시켰다. 병가를 내고 회사를 떠나 있었지만 잡스는 어김없이 2011년 3월에 열린 아이패드2 제품 설명회와 6월에 열린 아이클라우드 설명회에 모습을 드러냈다. 아이클라우드는 사용자들이 음악과 동영상, 사진, 파일, 소프트웨어를 저장하고 동기화할 수 있는 애플의 새로운 온라인 데이터 저장 서비스이다. 사용자들은 필요한 콘텐츠를 온라인상에 저장했다가 아이폰이나 애플 TV 같은 다양한 기기에 다운로드 한다. 아이클라우드는 책갈피로 표시한 웹 사이트 주소와 일정, 주소록, 해야 할 일 그리고 여러 애플리케이션을 저장하는 장소로도 활용할 수 있었다. 이로 인해 사용자는 어떤 기기나 컴퓨터에서도 아이클라우드에 저장된 콘텐츠를 다운로드 해서 사용했다가 다시 아이클라우드로 업로드 하여 개인용 전자 기기에서 발생하는 여러 데이터 분

> "저는 애플의 앞날이 매우 밝고, 혁신적이리라 믿습니다. 저는 새로운 자리에서 애플의 성공을 지켜보고 이에 기여할 수 있기를 기대합니다. 애플에서 제 인생 최고의 친구들을 만났습니다. 수년간 나와 함께 일해 준 여러분 모두에게 감사 드립니다."
>
> 스티브 잡스가 쓴 사임 편지에서

실 사고로부터 콘텐츠를 보호할 수 있다.

2011년 8월 잡스가 공식적으로 애플의 최고 경영자 자리에서 물러나며 이렇게 말했다. "나는 항상 내가 애플의 최고 경영자로서 더 이상 내 직무를 수행할 수 없고 기대를 충족시킬 수 없는 날이 오면 여러분에게 가장 먼저 알리겠다고 말해 왔습니다. 불행하게도 그날이 왔습니다." IT 전문가 대부분이 잡스가 사임할 것이라고 예상하기는 했지만 애플의 주가는 일시적으로 7퍼센트나 급락했다.

차세대 아이폰

2011년 10월 4일 애플은 엄청나게 기대를 모아 왔던 차기작 아이폰4S를 발표했다. 아이폰4S는 새로운 고화질 카메라를 채택해 그동안 나왔던 그 어떤 아이폰보다 강력해진 성능을 자랑했다. 아이폰4S는 지능형 음성 인식 프로그램인 '시리' 기능을 탑재한 애플의 첫 번째 휴대전화이기도 했다. 애플이 웹 사이트를 통해 소개한 바로 시리는 음성으로 작동하는 일종의 개인 비서 역할을 하도록 설계되었다고 한다.

아이폰4S에 탑재된 시리를 통해 여러분은 문자를 보내고, 일정을 관리하고, 전화를 걸고, 그 밖의 많은 일을 할 수 있습니다. 사람에게 말하듯 시리에게 해야 할 일을 알려 주세요. 시리는 여러분이 하는 말을 알아듣고 무슨 뜻인지 이해하며 심지어 대답도 해 줍니다. 시리는 사용하기 매우 쉽고 할 수 있는 일도 무척 많습니다. 여러분은 시리를 활용할 방법을 무궁무진하게 발견하실 수 있을 것입니다.

"그곳에는 놀라움을 창조하는 스티브의 멋진 능력과 이상을 믿고 따르는 예술가적 신념과 마지막 순간에 더욱 아름다워지는 고요함이 존재했어요. 몇 시간 전 스티브는 마지막으로 단음절로 된 말을 세 번 반복했어요. 죽기 전 스티브는 여동생 패티를 바라보더니 세 아이를 한참 동안 쳐다보다 인생의 동반자였던 로렌을 보고 나서 그들의 어깨 너머로 시선을 옮겼어요. 스티브가 남긴 마지막 말은 이거였어요. '오 우와, 오 우와, 오 우와!'"

모나 심슨이 추도 연설에서 밝힌
잡스의 마지막 말

그러나 아이폰4S에 대한 반응은 뜨뜻미지근했고 많은 소비자들은 애플이 더 이상 특별하고 혁신적인 무언가를 보여 주지 못한다는 느낌을 받았다. 오래전 애플에 대한 기억을 갖고 있던 소비자들은 시리가 뉴턴에 탑재됐던 필체 인식 소프트웨어의 실패를 다시 밟지 않기를 바랐다. 많은 소비자들이 새로 나온 아이폰4S가 이전 아이폰 모델과 그다지 다르지 않

다는 생각을 했고, 2012년 출시된다는 소문이 도는 아이폰5를 기다리기로 마음먹었다.

아이폰4S가 출시된 지 하루 뒤 애플은 잡스가 췌장암과 그로 인한 합병증으로 사망했다고 발표했다. 애플의 최고 경영자 팀 쿡은 임직원들에게 다음과 같은 이메일을 보냈다.

임직원 여러분, 저는 오늘 여러분 모두에게 무척이나 슬픈 소식을 전합니다. 잡스가 오늘 새벽 우리 곁을 떠났습니다. 애플은 선각자이며 창조적인 천재를 잃었고 세계는 놀라울 정도로 뛰어난 인물을 잃었습니다. 잡스를 알고 잡스와 함께 일하는 행운을 누렸던 우리는 소중한 친구이자 영감을 불러일으키는 멘토를 잃었습니다. 잡스는 오로지 그만이 창조할 수 있었던 회사를 두고 떠났으며, 잡스의 정신은 영원히 애플의 토대가 될 것입니다. 잡스의 죽음으로 인해 우리가 얼마나 슬퍼하고 잡스와 함께 일하는 기회를 얻을 수 있어서 우리가 얼마나 고마워하는지 적절하게 표현할 수 있는 말은 이 세상에 존재하지 않습니다. 우리는 잡스가 그토록 사랑했던 일들을 이어나가기 위해 할 수 있는 모든 노력을 아끼지 않을 것이며 잡스와 함께 했던 나날들을 추억할 것입니다.

추모의 물결

잡스의 사망 이후 잡스를 추모하는 물결이 거리로 쏟아졌고, 잡스를 추억하기 위해 애플이 특별히 개설해서 헌정한 웹 사이트에는 추모하는 글들이 계속해서 이어졌다. 그러나 잡스에 대한 가장 정직한 평가 중 하나는 아마도 2009년 잡스가 이미 건강 때문에 몇 차례 소동을 겪은 뒤 스티븐 프라이와 함께 한 인터뷰에서 잡스 자신이 한 말일 것이다.

[프라이가 물었다.]

"그렇다면 이것으로 인생의 세 번째 막을 내리게 되는 건가요? 당신 커리어와 어울리는 마지막으로 애플을 이렇게 높은 자리에 올려놓기로 결정한 겁니까?"

[잡스가 대답했다.]

"나는 내 생애를 커리어와 연관해서 생각해 보지 않았습니다. 나는 내가 잘할 수 있는 일을 했고 나를 부르는 일에 응답했어요. 그것은 커리어가 아닙니다. 인생이지요!"

애플의 앞날을 생각하다

잡스가 사망하자 사람들은 애플의 황금시대가 끝나지 않을까 의심하기 시작했다. 회의론자들은 설립자를 잃고 그 결과 조금씩 설 자리를 잃었던 다른 회사들을 거론했다. 그러나 애플과 애플의 새로운 최고 경영자인 팀 쿡은 계속해서 미래를 내다보고 있다. 잡스는 기본적으로 아이디어를 발굴하고 이를 상품화해서 시장에 내놓는 능력이 탁월하기도 했지만, 아이디어를 현실화하고 스스로 새로운 아이디어를 생각해 낼 수 있는 엔지니어와 전문가를 모아 팀을 꾸리는 데에도 뛰어난 능력을 보였다.

미국의 IT 분야 리서치 및 자문 회사인 가트너의 애널리스트 밴

애플이 잡스를 추모하다

2011년 10월 19일 애플은 캘리포니아 주 쿠퍼티노에 있는 본사 야외 원형 극장에서 잡스를 추모하는 행사를 열었다. 임직원들에게만 공개된 이 행사에는 재즈 가수인 노라 존스와 얼터너티브 록 밴드인 콜드플레이가 특별 초청되었다. 추모 행사가 열리는 동안 모든 애플 스토어가 문을 닫으라는 방침이 내려진 덕분에 매장에 근무하는 직원들은 실시간으로 전송되는 동영상으로 추모 행사를 지켜볼 수 있었다. 비공개로 진행된 행사가 외부로 노출되는 일을 막기 위해 애플 스토어의 유리창은 전부 흰색 천으로 가려졌다. 며칠 후 친구와 가족, 대학 동창을 위해 마련된 또 다른 추모 행사가 열렸다. 이 행사에는 구글의 최고 경영자 래리 페이지, 전 미국 대통령 빌 클린턴, 배우 팀 알렌 등이 참석했고, 아일랜드 출신 록 밴드 U2의 리드 싱어 보노의 공연이 있었다.

베이커는 이렇게 말했다. "스티브 잡스는 아직까지 여러 가지 형태로 애플에 남아 있습니다. 잡스의 접근법이 애플의 문화로 굳어졌기 때문이지요." 잡스가 사망한 직후 아이폰5와 터치스크린을 채택한 아이맥, 아이클라우드와 결합한 새로운 버전의 아이튠즈, 전자지갑 그리고 애플 비디오 게임기를 비롯해 2012년 등장할 애플의 새로운 제품에 대한 소문이 떠돌았다. 이 제품들은 전부 애플이 결코 스티브 잡스의 사망으로 사그라지지 않을 것임을 보여 준다.

잡스의 사망 소식을 듣고 많은 사람들이 애플 스토어 앞에 조의를 표하며 그를 기렸다.

애플과 스티브 잡스가 함께 만든 역사 ^{1955~2011}

1955
2월 24일

미국 캘리포니아 주
샌프란시스코에서
스티브 잡스 태어나다.

1975

스티브 워즈니악이
Apple I 컴퓨터를
만들다.

1976
4월 1일

잡스와 워즈니악이
애플 컴퓨터 회사를
설립하다.

1983
4월

존 스컬리가 애플의
최고 경영자가 되다.

1984
1월 24일

매킨토시 컴퓨터를
소개하다.

1985
9월 17일

잡스가 애플을
떠나다.

1977
4월

Apple II 컴퓨터를
소개하고 판매하다.

1980
12월 12일

애플 컴퓨터의 주식이
상장되어 잡스는 백만
장자가 되다.

1981

워즈니악이 비행기
사고를 당해 1년간
애플을 떠나다.

1986
1월

잡스가 넥스트라는
새로운 회사를
창립하다.

1996

애플이 넥스트를 합병
하여 잡스가 애플에
복귀하다.

1997
9월 16일

잡스가 애플의 종신
최고 경영자로
임명되다.

1998
8월 15일

아이맥을 출시하다.

2001
10월 23일

아이팟을 출시하다.

2003
4월 28일

아이튠즈 스토어를
열다.

2010
3월

아이패드의 판매를
시작하다.

2011
1월

잡스가 치료를 위해
애플을 떠난다고
발표하다.

2011
6월

아이클라우드 서비스를
시작하다.

2004

2007

2007
1월 9일

잡스가 췌장암 진단을
받다.

회사 이름을
애플 컴퓨터에서
애플 Inc.로 바꾸다.

아이폰을 출시하다.

2011
8월

2011
10월 4일

2011
10월 5일

잡스가 건강이 악화되어
애플의 최고 경영자 자리
에서 물러나다.

아이폰4S가 출시되다.

스티브 잡스가
사망하다.